Das Buch

Einen durchs Weltall treibenden Astronauten wieder einfangen; in einem Fass die Niagarafälle hinabstürzen; Fort Knox knacken; das Ungeheuer von Loch Ness fangen: Diese und andere Szenarien kennen wir nur aus Kino, Zeitung oder dem Reich der Phantasie. Aber wieso nicht das scheinbar Unmögliche in die Tat umsetzen – und damit wenigstens einmal in die Schlagzeilen geraten oder gar lebenslangen Ruhm ernten? Hunter S. Fulghum liefert Ihnen detaillierte Schritt-für-Schritt-Anleitungen, wie Sie außergewöhnliche Herausforderungen dieser Art meistern können – wenn Sie sich trauen …

Der Autor

Hunter S. Fulghum ist Projektmanager bei einem amerikanischen Technologiekonzern. Wenn er sich nicht gerade den Kopf über knifflige Computer- und Netzwerkfragen zerbricht, verbringt er seine Zeit damit, steile Felswände zu erklimmen und beim Tauchen im Pazifik nach seltenen Lebewesen Ausschau zu halten. Er lebt mit seiner Familie in der Nähe von Seatte im US-Staat Washington.

Hunter S. Fulghum

33 Taten,
die Sie unsterblich machen
(falls Sie sie überleben)

Aus dem Englischen
von Thomas Bertram

Ullstein

Besuchen Sie uns im Internet:
www.ullstein-taschenbuch.de

Umwelthinweis:
Dieses Buch wurde auf chlor- und säurefreiem Papier gedruckt.

Originalausgabe im Ullstein Taschenbuch
1. Auflage November 2005
2. Auflage 2005
© für die deutsche Ausgabe Ullstein Buchverlage GmbH, Berlin 2005
© 2002 by Hunter S. Fulghum
Published by arrangement of Hunter Fulghum and becker&mayer!
Titel der amerikanischen Originalausgabe: *Don't Try this at Home*
(Broadway Books, a division of the Doubleday Broadway Publishing Group,
a division of Random House, Inc., New York)
Umschlaggestaltung: Büro Hamburg
Titelabbildung: Illustration/Thomas Escher
Abbildungen im Innenteil: © Try Pollard
Die Angaben und Ratschläge in diesem Buch sind von Autor und Verlag sorg-
fältig erwogen und geprüft; dennoch kann eine Garantie nicht übernommen
werden. Eine Haftung des Autors bzw. des Verlags und seiner Beauftragten für
Personen-, Sach- und Vermögensschäden ist ausgeschlossen.
Gesetzt aus der: Adobe Caslon
Satz: KompetenzCenter, Mönchengladbach
Druck und Bindearbeiten: Ebner & Spiegel, Ulm
Printed in Germany
ISBN-13: 978-3-548-36792-7
ISBN-10: 3-548-36792-5

Wohl bekomm's!

Inhalt

Danksagung

Bei den Recherchen für dieses Buch fand ich mich in Gesprächen wieder, in denen ich Fragen stellte wie: »Natürlich würde ich so was niemals tun, aber falls doch, wie müsste ich es anstellen?« Oft ließ ich dem ein »Nein, wirklich, ich meins *ernst*« folgen.

Die häufigste Antwort war Schweigen – ein Hinweis darauf, dass jemand ungläubig die Augen verdrehte oder anfing, das Telefonat mitzuschneiden.

Nicht dass ich überrascht gewesen wäre. Einige der Dinge, die ich wissen wollte, waren zugegebenermaßen mehr als ungewöhnlich. Als ich beispielsweise bei der US-Münze anfragte, wie die staatlichen Goldreserven in Fort Knox geschützt würden und wie genau man dieses Gold (mit ihrem Segen!) auf die Seite schaffen könne, begegnete man mir mit einer gewissen Skepsis. Ebenso hegten die US-amerikanischen Kraftwerksbetreiber und die großartigen Leute am Hoover Dam gewisse Vorbehalte, mir zu erklären, wie sich die Umgehungstunnels beim Damm durchschwimmen lassen.

Zur Ehrenrettung meiner Gesprächspartner muss man sagen, dass sie mich recht bereitwillig mit endlosen Fakten und Zahlen versorgten. Wie viel Beton wurde am Hoover Dam gegossen? – 3 335 400 m². Was gibt es auf dem Gelände von Fort Knox zu sehen? – Das Patton-Museum. Wie aufregend.

Was mich tatsächlich interessierte, waren die wirklich nützlichen Sachen: die genaue Konstruktion der Goldmagazine im Fort und die Zugangscodes des Sicherheitssystems; detaillierte Pläne der Überlaufrinnen am Hoover Dam; ein schematisches Diagramm des Sicherheitssystems der Galerie im Louvre, in der die *Mona Lisa* hängt, und, falls es nicht zu viel Mühe macht, den Dienstplan der Wachleute.

Die Antwort auf diese Art Fragen (wenn ich überhaupt kühn genug war, sie zu stellen) bestand in der Regel aus Schweigen und einem komischen Klicken in der Leitung, wenn die Aufzeichnung begann. Verständlich, aber vom meinem Standpunkt aus frustrierend.

Sie können sich vorstellen, wie erfrischend es war, wenn doch mal der eine oder andere mir ein paar Augenblicke zuhörte, ohne zu dem Schluss zu gelangen, ich wäre vollkommen verrückt oder gefährlich. Dank dieser Leute kann ich Ihnen tatsächlich verraten, wie viel Dynamit man braucht, um eine brennende Ölquelle zu löschen, oder welches Beruhigungsmittel man in welcher Dosierung einem 500-Pfund-Alligator gegebenenfalls verabreichen sollte.

Folgenden Personen und Einrichtungen schulde ich aufrichtigen Dank für die Informationen, die Ideen und vor allem die Bereitschaft, ihre Fassungslosigkeit entspricht meiner Wissbegierde hintanzustellen und meine Fragen zu beantworten:

Karla Anderson
Lt. Mark Anderson
Deputy Vail Bello, Sonoma County Sheriff's Department
Lt. Brauna Carl und Captain »X«, US-Navy
Channel Swimming Association
Roman Dial
Evergreen Veterinary Hospital
Larry Flak, Boots 'n Coots
Scott Gustafson, DemTech
Stacy Loizeaux, Controlled Demolition, Inc.

Neal beim FBI – Danke für den Versuch
Dr. Skip Nelson
»Art« und »Leo«, Resident Area 51/Experten für Außer-
irdische
Mike »Short Arms« Raftery, Turner Construktion Com-
pany
Vern Tejas
US-Energieministerium
Anatoly Zak, Russianspaceweb.com

Darüber hinaus wäre es ein Zeichen schlechter Erzie-
hung, würde ich es versäumen, all jene Menschen in
meinen Dank einzuschließen, die sich auf die Sache eingelassen, sich um die Verträge gekümmert und gelegentlich mein Ego aufgebaut haben: Jim Becker, Andy
Mayer und die Bergungscrew von becker&mayer!; und
Charlie Conrad und die ganz hervorragenden (und ge-
duldigen) Mitarbeiter von Broadway Books. Dank auch
an Ty und Sally Pollard für ihre wunderbaren Illustrationen.

Und schließlich ein besonderer Dank an Marcie
DiPietro und Rebecca Cole, die gelesen, redigiert, mir
gut zugeredet, Vorschläge gemacht und mir gelegentlich
gedroht haben. Dank eurer Bemühungen ist es ein bes-
seres Buch geworden.

Vielen Dank euch allen.

Einleitung, Gebrauchs-anweisung und rechtliche Hinweise

Bevor wir anfangen, möchte der Autor gern ausdrücklich erklären, dass bei der Produktion dieses Buches kein Anwalt *ernstlich* zu Schaden kam.

In den Regalen der Buchhandlungen stapeln sich »Gewußtwie«-Bücher mit Anleitungen zum Sporttauchen, Fliegen, Snowboarden, Klettern, Sichabseilen, Fluss-Rafting, Fallschirmspringen, Drachenfliegen etc. Um die Ecke liegen die Läden, die Sauerstoffflaschen für Sporttaucher, Kletterzubehör und Seile, Schneeausrüstung, Rucksäcke, Zelte sowie anderes mehr oder weniger entbehrliches Zubehör für all die Aktivitäten verkaufen, an denen wir Geschmack gefunden haben und für die wir vielleicht sogar talentiert sind.

Interessanterweise nähern sich unsere Interessen an körperlichen Aktivitäten mittlerweile der Grenze zum Selbstmord. Warum? Vielleicht liegt es an der starken Zunahme von NO-FEAR-T-Shirts und Crosstrainern. Schwer zu sagen.

In Anbetracht dieser Entwicklungen, begann ich, darüber nachzudenken, wohin das alles führen könnte. Wenn schon der Durchschnittsmann oder die Durchschnittsfrau an einem Bungee-Seil von einer Brücke springt – wozu lassen sich diese Leute vielleicht noch hinreißen – sofern sie die richtige Anleitung dazu erhalten?

Diese Frage gab den Anstoß zu diesem Buch. Mit der Zeit entwickelte es sich zu einer Liste von Grenzerfahrungen, an denen ein Mensch sich versuchen könnte, wenn er nur wüsste, wie. Dies wiederum führte zu einer Untersuchung, wie man solche Abenteuer bewältigen könnte – die Ergebnisse dieser Untersuchung lesen Sie hier.

Um der Klarheit willen sind die Informationen zu jedem Szenario in vier Gruppen unterteilt. Zunächst einmal geht es bei jedem Vorhaben um die Frage, *was Sie unbedingt brauchen,* also um eine Liste der Dinge und Ausrüstungsgegenstände, die für seine Realisierung unentbehrlich sind. Die Liste ist durchaus flexibel, je nach Situation und persönlichen Vorlieben können gewisse Änderungen oder Ergänzungen notwendig sein.

Punkt zwei ist die *erforderliche Zeit.* Dabei handelt es sich um Schätzungen, die auf Erfahrungen anderer und auf Expertenmeinungen beruhen. Es versteht sich von selbst, dass je nach Umständen, persönlichem Stil und körperlichen Fähigkeiten gewisse Abweichungen vom hier vorgestelltem Zeitplan zu erwarten sind. Abgesehen von den Fällen, bei denen bestimmte Zeitdauern als Voraussetzungen fürs Gelingen genannt werden, sollten Sie den Zeitplan lediglich als Richtschnur verstehen.

Ein dritter Abschnitt liefert *Hintergrund*informationen, versorgt sie mit historischen Fakten und beschreibt die Zusammenhänge, damit Sie wissen, was Sie warum tun. Dazu gibt es den einen oder anderen klugen Rat von Experten aus dem jeweiligen Fachgebiet. Obwohl es nicht bei jedem Projekt wichtig ist, über die Hintergründe Bescheid zu wissen, um es erfolgreich durchzuführen, erweitern die entsprechenden Informationen Ihren Horizont, sollten also möglichst gelesen werden.

Als Viertes folgen dann die *Anweisungen,* eine genaue Beschreibung der einzelnen Schritte, angereichert mit Illustrationen und Expertentricks und -hinweisen, die den Unterschied zwischen einem erfolgreich erledigten Job und einer möglichen Rückenmarksverletzung ausmachen.

Abschließend noch ein mahnendes Wort zur Vorsicht:

Wann immer Sie in Ihrem Leben etwas Neues und einigermaßen Abwegiges ausprobiert haben, wurden sie gebeten, sich eine Haftungsausschlussklausel durchzulesen und eine Verzichtserklärung zu unterschreiben. (Wahrheitsgemäß sollte dieses Schriftstück das »Wenn-ich-sterbe-ist-es-mein-eigener-verdammter-Fehler«-Formular heißen.)

Die meisten der Dinge in diesem Buch sind befremdlich. Manche sind womöglich albern, viele von ihnen führen, probiert man sie tatsächlich aus, vielleicht dazu, dass jemand erschossen, anderweitig getötet oder verstümmelt wird oder dass jemand für *sehr* lange Zeit hinter Gitter wandert. Bei mindestens zwei der beschriebenen Taten läuft man Gefahr, von einem großen Tier gefressen zu werden, und in einem Fall könnte man gar Außerirdischen mit einer Vorliebe für menschliche Vivisektion in die Hände fallen.

Rückblickend wäre es keine schlechte Idee gewesen, diesem Buch eine Verzichtserklärung beizulegen und Sie aufzufordern, dieses Formular vor der Lektüre zu unterschreiben. Leider ist dies keine praktikable Lösung. Also raten Ihnen zu ihrer eigenen Verteidigung weder Autor noch Verleger dieses Buches, irgendeine der auf den folgenden Seiten vorgeschlagenen Taten in die Tat umzusetzen. Alle nachfolgenden Ausführungen dienen lediglich der Information des Lesers und sollen die einfache Frage beantworten: »Wie *würde* ich das anstellen?«

Also, seien Sie bitte vorsichtig. Und was auch immer Sie versuchen, um unsterblich zu werden: Lassen Sie lieber die Finger davon.

Führen Sie eine Geiselbefreiung mit einem SWAT-Team durch

Was Sie unbedingt brauchen

- Zwei Geisel-Unterhändler mit Wurftelefon – einem speziellen, vorjustierten Outdoor-Handy, das man den Geiselnehmern, sollte kein anderes sicheres Kommunikationsmittel zur Verfügung stehen, buchstäblich zuwerfen kann
- Ein Scharfschützenteam (ein Scharfschütze, ein Aufklärer) mit Präzisionsgewehren (zum Beispiel SIGARMS Blaser R93, Kaliber 300, oder EDM Arms Windrunner, Kaliber 50), Ermessensspielräumen und Munition
- Ein Geiselbefreiungsteam, sechs bis zehn Mann
- Ein Durchbruchteam (zwei bis vier Spezialisten für das Öffnen bzw. Aufbrechen von Gebäuden)
- Kampfanzug und Koppelzeug (Gurtgeschirr aus Nylongurten oder -gewebe), Stiefel mit weichen Sohlen (z. B. Tac Boot von Rocky oder Fort Lewis Go Devils von Danner), Kapuzenmütze – alles in Schwarz
- Kugelsichere Kevlarweste Typ 3 (wenn Sie vermuten, dass Gewehre oder automatische Waffen im Spiel sind, schützen Sie sich zusätzlich noch mit verstärkenden Keramikplatten), Kevlarhandschuhe, einen ballistischen Augenschutz (Gargoyles), einen ballistischen Helm

- Heckler & Koch (H & K) MP-5 Maschinenpistole (wahlweise mit Schalldämpfer) – führen Sie vier 30-Schuss-Magazine mit
- H & K USP Kaliber 45 Handfeuerwaffe mit Extra-Magazinen
- Flash-Bangs (Blendgranaten)
- Rauchgranaten und Tränengas
- Funkgeräte einschließlich Kehlkopfmikrofonen und Ohrstöpseln (verwenden Sie ein sicheres Gerät, das die Übertragung verschlüsselt)
- Glasfaser-Videokamera – ein Kamerasystem, bei dem sie eine kleine, unauffällige Kamera durch eine schmale Öffnung (beispielsweise unter einer Tür hindurch) schieben und unbemerkt einen Raum absuchen können
- Blitzlicht
- Türstopper, Nylongurte (nehmen Sie Zweieinhalb-Zentimeter-Röhrengewebe), Knieschoner, Handschellen, Pfefferspray, Messer (Klappmesser empfehlenswert), persönliches Erste-Hilfe-Set
- Feldflasche und Wasser
- Optional: Nachtsichtgerät (für Aktionen bei Nacht oder im Bereich mit schlechten Licht- und Sichtverhältnissen)

 ## Erforderliche Zeit

Variiert je nach Eintreffen der Teams am Ort des Geschehens, der Situation und der Zeit, die für Lagebeurteilung und Planen/Üben draufgeht. Realistisch ist alles zwischen 90 Minuten und 48 Stunden.

Bei allen Einheiten beispielsweise von US-Polizei und -Militär gilt, dass die Forderungen des Geiselnehmers nicht erfüllt werden. Andernfalls, so der Hintergedanke, würden andere zum Nachahmen ermutigen.

Das Federal Bureau of Investigation (FBI) und die örtliche Polizei bieten in den USA für ausgewählte Personen ein Spezialtraining in Geiselbefreiung und flankierenden Fähigkeiten an. Diese Aufgabe übernehmen meist Special Weapons and Tactics (SWAT-)Teams – Einheiten mit »spezieller Bewaffnung und Taktik«, die häufig mit schwierigen oder ungewöhnlichen Situationen zu tun haben und entsprechend ausgebildet sein müssen.

Eine Geiselbefreiung zählt zu den schwierigsten und gefährlichsten Herausforderungen für ein SWAT-Team. Bei diesen Szenarien wird eine große Gruppe von Spezialisten hinzugezogen, zu denen Geiselunterhändler, Scharfschützenteams, so genannte *Breaching Teams* (Spezialisten für das Öffnen bzw. Aufbrechen von Gebäuden) und ein Sturmtrupp (oder mehrere) gehören. Im Idealfall sind all diese Leute in kürzester Zeit an Ort und Stelle einsatzbereit. Allerdings folgen solche Situationen keinem Drehbuch. Daher ist es entscheidend, sich mit Hilfe des Erlernten und des eigenen Urteilsvermögens an die jeweiligen Umstände anzupassen.

In unserem Szenario werden ungefähr zehn Geiseln von einer unbekannten Gruppe einheimischer Terroristen in den Kundendienstbüros einer großen Softwarefirma festgehalten. Der Kontakt zu den Terroristen hat sich bislang auf einen Streifenbeamten beschränkt, der angewiesen wurde, Abstand zu halten. Das Gebäude hat zwei Stockwerke mit einem Bürofoyer im vorderen sowie einer Ladezone und einem Wartungsbereich im rückwärtigen Teil. Zudem gibt es vom Dach aus einen weiteren Zugang zum Gebäude.

Anweisungen

1. Kontrollieren Sie die Absperrung und sammeln Sie Ihr Team

Bevor das SWAT-Team auf dem Schauplatz eintrifft, ist die Lage sondiert worden und Streifenbeamte haben in etwa 300 Metern Entfernung eine Absperrung um die betroffene Zone errichtet. Alle Zivilisten werden von diesem Bereich ferngehalten.

Weisen Sie Streifenbeamte an, Informationen über die Situation zusammenzutragen. Sondieren Sie die Lage sämtlicher Versorgungseinrichtungen (Wasser, Gas, Strom) und stellen Sie fest, wo genau sie für das Gebäude, in dem die Geiseln festgehalten werden, abgestellt werden können. Setzen Sie sich mit dem Eigentümer des Gebäudes in Verbindung und lassen Sie sich detaillierte Informationen über Raumaufteilung, Zugangspunkte, die Richtung, in welche die Türen aufgehen, etc. geben. Falls mehrere oder alternative Zugänge existieren (Hintertüren, Dachluken usw.), verschaffen Sie sich einen genauen Überblick über deren Lage und Anordnung. Besorgen Sie sich gegebenenfalls Fotografien, Videobänder oder Entwürfe und Pläne des betreffenden Gebäudes. Noch besser sind laufende Überwachungskameras oder Webcams – verschaffen Sie sich Zugang dazu, sie werden eine unschätzbare Hilfe sein. Wenn die Kameras geschwenkt oder geneigt werden können, lassen Sie sie möglichst in ihrer ursprünglichen Position, damit die Geiselnehmer nicht merken, dass sie beobachtet werden.

Setzen Sie sich mit der Telefongesellschaft in Verbindung und sorgen Sie dafür, dass die ins Gebäude führenden Telefonleitungen »zusammengeschlossen« und mit einem oder mehreren Apparaten verbunden werden, den bzw. die Sie bestimmen. Dadurch schneiden Sie die Terroristen von jeglichem Kontakt außer mit Ihnen ab, es sei denn, sie verfügen über Mobiltelefone oder Funkgeräte. Für Notfälle (etwa wenn die reguläre Leitung unterbrochen wird) können Sie das Wurftelefon bereithalten.

Die Mitglieder Ihres SWAT-Teams sind in Bereitschaft und tragen ihre Ausrüstung bei sich, so dass das Zusammenziehen des Teams minimale Zeit in Anspruch nimmt. Dennoch ist eine Verzögerung nicht ausgeschlossen. Besprechen Sie sich mit dem taktischen Einsatzleiter vor Ort und arbeiten sie auf der Basis der Ihnen zur Verfügung stehenden Leute und Ressourcen einen schnellen Reaktionsplan aus. Im Falle einer sich rasch entwickelnden lebensgefährlichen Situation müssen die Mitglieder des Teams in der Lage sein, sofort zu handeln.

2. Nehmen Sie Verhandlungen auf

Der erste Schritt bei der Geiselbefreiung besteht darin, mit den Terroristen zu reden. Die Fähigkeit, über Geiseln zu verhandeln, verbindet psychologisches Verständnis im Hinblick auf das Verhalten der/des Geiselnehmer(s) und ihrer Beweggründe mit einem instinktiven Gespür für die Situation. Ihr Unterhändler wird Kontakt mit den Geiselnehmern aufnehmen, indem er einen Apparat im Gebäude oder das Wurftelefon anwählt. Seine ersten Bemühungen werden sich darauf richten, die Krise zu lösen, ohne dass es zu Gewaltanwendung und dem Verlust von Menschenleben kommt oder irgendwelchen Forderungen nachgegeben wird.

3. Planen und Üben

Nutzen Sie die Zeit, in der verhandelt wird, um das Sammeln von Informationen abzuschließen. Lassen Sie sich vom Unterhändler auf dem Laufenden halten und planen Sie die Befreiung.

Im Planungsstadium der Geiselbefreiung gilt es, fünf Faktoren zu erwägen:

- Die Situation: Wie stellt sich die Lage dar? So offensichtlich es erscheinen mag, die Situation der Geiseln ist von größter Wichtigkeit. Bringen Sie daher unbedingt in Erfahrung, wer die Geiselnehmer sind, um wie viele es sich handelt und ob sie irgendjemanden verletzt oder getötet haben. Dies bestimmt zusammen mit den Bedingungen im Einsatzraum Ihre Vorgehensweise. Bei einem oder zwei Terroristen mag ein kleineres SWAT-Team genügen. Ist der Zugang zum Gebäude eng und die Bewegungsfreiheit an irgendeinem Punkt eingeschränkt, ziehen Sie es vielleicht vor, zwei Teams gleichzeitig hineinzuschicken.

- Der Auftrag: Was muss das SWAT-Team über die Befreiung der Geiseln hinaus unbedingt erreichen? Gibt es andere wesentliche Faktoren, die bedacht sein wollen, beispielsweise Gefahrenstoffe oder einen Sprengsatz? Wenn ja, muss die Planung möglicherweise ein Bombenräumkommando oder eine Spezialeinheit für gefährliche Materialien einbeziehen.

- Die Ausführung: Wie sieht der Plan zur Befreiung der

Geiseln aus? Das wird abhängen vom Terrain, von der Anzahl, den Waffen und der seelischen Verfassung der Geiselnehmer und den Geiseln. Es gibt keine Szenarios, die sich aufs Haar gleichen, zudem kann sich die Situation während der Befreiung jederzeit ändern, so dass Flexibilität unerlässlich ist. Im hier beschriebenen Fall wird die Ausführung darauf beruhen, die Aufmerksamkeit der Terroristen auf die Vorderfront des Gebäudes zu lenken, während das SWAT-Team unbemerkt durch die Hintertür eindringt.

• Verwaltung/Logistik: Welche Ausrüstung und Mittel werden benötigt und was ist verfügbar? Die Situation erfordert möglicherweise eine Reihe unterschiedlicher Dinge, vom Geiseltelefon bis zur Spezialabhörausrüstung. Verschaffen Sie sich Klarheit darüber, was Sie brauchen, bevor Sie loslegen.

• Kommando und Kommunikation: Wer ist verantwortlich und wie werden Befehle und Meldungen gehandhabt? Um jede Verwirrung von Befehlen zu vermeiden, muss die Kommandostruktur eindeutig festgelegt sein. Mangelhafte Kommunikation kostet Menschenleben. Ein taktischer Einsatzleiter wird die Gesamtleitung innehaben und vielleicht einen Rückzug anordnen, aber *Sie* als Anführer des SWAT-Teams tragen die Verantwortung für die Befreiung, sobald diese begonnen hat.

Es ist unerlässlich, dass sämtliche Beteiligten alle diese Faktoren begreifen. Nur so kann verhindert werden, dass es nach Anlauf der Operation zu Konfusionen kommt.

Arbeiten Sie auf der Grundlage der verfügbaren Informationen den Befreiungsplan aus. Eine der ersten Entscheidungen betrifft die Frage, ob die Befreiung still und heimlich oder schnell und laut vonstatten gehen soll. Wenn die Örtlichkeiten und Mittel es erlauben, ziehen Sie vielleicht ein leises Eindringen vor. Dazu nähern Sie sich dem Gebäude unbemerkt und verschaffen sich an einer Stelle Zutritt, wo die Geiselnehmer Sie aller Wahrscheinlichkeit nach nicht beobachten. Eine gute Wahl sind Einstiegsluken auf dem Dach, unterirdische Eingänge und ähnliches. Die meisten Geiselnehmer konzentrieren sich auf Vorder- oder Hintertüren.

In unserem Szenario ist Ablenkung plus heimliches Eindringen die beste Methode. Streifenbeamte werden am Haupteingang ein Täuschungsmanöver inszenieren, um die Geiselnehmer abzulenken, während der Sturmtrupp aus einer anderen Richtung in das Gebäude eindringt.

Sobald der Plan ausgearbeitet und zu Ihrer Zufriedenheit geprobt worden ist, bringen Sie Ihr Team in Stellung. Ihre Scharfschützen werden sich selbst einen Platz aussuchen, von dem aus sie den Schauplatz überblicken und Informationen über die Lage sammeln und an Sie weiterleiten können. Wenn möglich, werden sie eine Stelle wählen, von der sie Terroristen notfalls ausschalten können. Scharfschützenteams operieren immer paarweise, wobei einer als Schütze fungiert, während der andere als Aufklärer arbeitet und dem Scharfschützen Feuerschutz bietet.

Der Sturmtrupp sollte sich bereit machen, ebenso das Breaching Team.

4. Diskretes Vorgehen
Verlegen Sie Ihr Team so unauffällig wie möglich an den Punkt zum Losschlagen. Hindern Sie Journalisten daran, Ihren Vorstoß und Einsatz zu beobachten. Ein

Colonel von den Marines, der für das Sammeln von Nachrichten zuständig war, meinte einmal, CNN habe ihm sehr dabei geholfen, etwas über die Absichten seines Gegners zu erfahren. Vergessen Sie nicht, dass Terroristen und Geiselnehmer vielleicht über einen tragbaren Fernseher oder ein Radio verfügen oder per Handy mit Personen in Verbindung stehen, die Nachrichten sehen oder hören. Gehen Sie nicht davon aus, dass das Abschalten des Stroms oder die Unterbrechung der Kommunikationsleitungen für die Terroristen einen totalen Informationsausfall bedeutet.

Nähern Sie sich auf eine Weise, die Sie weitgehend vor den Blicken der Terroristen und anderer schützt. Die Regel lautet: einfachste Annäherung mit maximaler Deckung und, falls verfügbar, mit einer Alternativroute. Denken Sie stets an Ihre Rückzugslinie und halten Sie sie offen. Rücken Sie in einfacher Reihe mit drei Schritten Abstand zwischen jedem Teammitglied vor.

Sobald Sie die Position zum Losschlagen erreicht haben (die Stelle, wo Sie zum ersten Mal das Gebäude betreten), bilden Sie den Sturmtrupp. Stellen Sie sich mit entsicherten Maschinenpistolen dicht hintereinander in einer Reihe auf. Als Nummer eins stehen Sie vorn. Langen Sie nach hinten und kneifen Sie in den Oberschenkel von Nummer zwei. Er wird den Druck an den nächsten Teamkameraden weitergeben, der das gleiche tun wird usw., bis der hinterste Schenkel gedrückt ist. Auf diese Weise wird festgestellt, ob auch alle bereit sind. Der Letzte in der Reihe wird als Zeichen, dass er startklar ist, die Schulter des Kameraden vor ihm drücken, was ihm die anderen dann nachtun. Sobald dieses Zeichen bei Ihnen ankommt, dringen Sie in das Gebäude ein.

Stellen Sie den Sturmtrupp dicht hintereinander in einer Reihe auf. Jedes Teammitglied sollte seine Einsatzbereitschaft dadurch zum Ausdruck brinen, dass er in den Oberschenkel des vor ihm Stehenden kneift.

5. Ablenkungsmanöver, Erstürmung und Neutralisierung der Gefahr

Dringen Sie durch den bezeichneten Eingang oder Zugriffspunkt in das Gebäude ein. Wenn das Team in einen neuen Raum vordringt, sichern Sie zunächst diesen Bereich. Dabei übernimmt jedes Teammitglied einen Abschnitt des Raums und überprüft ihn auf Geiselnehmer, Geiseln oder ungewöhnliche Umstände.

Wenn Sie sich der Zone mit den Geiseln nähern, benutzen Sie ihre Glasfiberkamera, um einen Blick in den Raum zu werfen und sich ein Bild von der Lage zu machen. Merken Sie sich dabei die Position von Terroristen und Geiseln. Geben Sie diese Informationen per Handzeichen an Ihr Team weiter, setzen Sie sich mit dem taktischen Einsatzleiter in Verbindung und informieren Sie ihn, dass Sie nach einer letzten Überprüfung bereit sind, vorzurücken, so dass das Ablenkungsmanöver eingeleitet werden kann. Damit beginnt ein 60-Sekunden-Countdown bis zur Explosion einer Rauchgranate am Vordereingang des Gebäudes.

Sobald das Ablenkungsmanöver beginnt, werfen oder rollen Sie zwei Flash-Bangs in den Raum. Dringen Sie bei der nachfolgenden Explosion mit Ihrem Team schnell in den Raum ein. Schreien Sie mehrmals »runter«. Die Geiseln werden sich auf den Boden werfen.

Die Mitglieder Ihres Teams werden die Geiselnehmer identifizieren und ins Visier nehmen. Sie müssen unverzüglich entscheiden, ob sie eine Bedrohung darstellen oder nicht. Wenn Sie den Eindruck machen, als wollten sie sich ergeben, lassen Sie die Waffen auf sie gerichtet und seien Sie so lange darauf gefasst, zu schießen, bis die Geiselnehmer mit dem Gesicht auf dem Boden liegen, entwaffnet und in Handschellen gelegt wurden.

Wirken die Terroristen zum Widerstand entschlossen, bedrohen sie eine Geisel oder scheinen sie gar eine Waffe zu ziehen, erschießen Sie sie. Feuern Sie mindestens zwei Schüsse auf den Oberkörper ab, es sei denn, Sie haben Grund zu der Annahme, dass sie kugelsichere Westen tragen. In dem Fall zielen Sie auf den Kopf. Die Devise von SWAT-Mitgliedern lautet: »Two in the chest, one in the head, makes a bad guy good and dead.«

Entwaffnen und überwältigen Sie sämtliche Terroristen und vergewissern Sie sich, dass Sie auch wirklich alle zur Strecke gebracht haben. Möglicherweise wissen Geiseln, ob alle da sind oder einer oder mehrere den Bereich verlassen haben. Sollten Terroristen fehlen, werden andere Beamte auf der Bildfläche erscheinen, um die Geiseln und die bereits überwältigten Geiselnehmer aus dem Gebäude zu geleiten, während Sie den übrigen Bereich durchkämmen.

Wichtige Anmerkung: Es ist unwahrscheinlich, aber nicht ganz auszuschließen, dass eine scheinbare Geisel in Wirklichkeit ein Terrorist ist. Vergessen Sie nicht, den Verbleib aller Waffen zu klären und sämtliche Personen zu identifizieren. Die Mitglieder des SWAT-Teams sollten ihre Waffen nicht sinken lassen oder gar sichern, bevor Sie die Situation vollständig unter Kontrolle haben.

Sobald dies der Fall ist und Streifenbeamte den Rest übernehmen, kann das SWAT-Team sich zurückziehen und den Ort für die abschließende Einsatzbesprechung verlassen.

Schleppen Sie einen Eisberg zu einem von Dürre geplagten Land

Was Sie unbedingt brauchen

- Ein mobiles Eisschleppsystem (MITS; Mobile Ice Tow System)
- Drei ROVs (remotely operated vehicles = ferngesteuerte Fahrzeuge): Mini-Tauchroboter, ausgestattet mit Manipulatorarmen und Farbvideokameras
- Mehrere tausend Quadratmeter wasserdichte, faserverstärkte Plastikplane; ein Großhersteller von Abdeckplanen wird sie auf Bestellung besorgen können.
- Sechs Hochseeschlepper, jeder mit Funk, Radar und acht Mann Besatzung; Schiffe und Besatzungen können über einen gewerblichen Schiffsleasing-Agenten oder bei einem der großen Bergungsunternehmen gemietet werden
- Schlepptaue (10 000 bis 12 000 Meter Drahtseil, 5 bis 10 Zentimeter Durchmesser). Normalerweise werden diese von den Schlepper-Verleihern gestellt.
- Ein technisches Team, darunter drei Mann ROV-Bedienpersonal, zwei ROV-Techniker, sechs professionelle Sporttaucher und fünf bis sieben Mann zur allgemeinen Unterstützung
- Eine Entwässerungsausrüstung: drei ferngesteuerte

7,5-Zentimeter-Ventile, drei 7,5-Zentimeter-Feuer-
wehrschläuche von je 150 Metern Länge und drei
Wasserpumpen
- Taucherausrüstung, einschließlich Trockentauchan-
zügen, Geräten zur Kontrolle des Auftriebs, Sauerstoffflaschen, Flossen, Masken, Gewichten, Unterwasserlampen und diversem Zubehör
- Unterwasser-Sprengstoff und Zündkabel: beides
können Sie nur mit Genehmigung erwerben.
- Luftkompressor für die Sauerstoffflaschen
- Zugang zu Bildmaterial, das ein Beobachtungs-
satellit auf polarer Umlaufbahn liefert; im Internet
verfügbar
- Isolierband

Erforderliche Zeit

Drei Monate

Hintergrund

Das Abschleppen von Eisbergen kann mehreren
Zwecken dienen. Beispielsweise können sie aus Schif-
fahrtsstraßen entfernt und dorthin verfrachtet werden,
wo sie keine Gefahr für die Seefahrt darstellen. Wegen
seiner Reinheit und seines Alters gibt es einen Absatz-
markt für Gletscherwasser. Aus humanitären Gründen
empfiehlt es sich jedoch, Ihren Eisvorrat für die Dürre-
hilfe zu verwenden.

Anweisungen

1. Erspähen und Fangen Sie Ihren Berg

Machen Sie einen einzelnen Eisberg ausfindig. Die Eisschichten und Gletscher der Antarktis stoßen jährlich ungefähr 1250 Kubikkilometer Eisberge ab. Einige der Berge sind so groß wie der US-Bundesstaat Rhode Island, was für Ihr Projekt viel zu groß ist. Halten Sie nach einem Berg von etwa 500 Quadratmetern Fläche Ausschau. Von der Wasseroberfläche aus dürfte er etwa 150 Meter tief und 30 Meter hoch sein. Grob geschätzt wird er 30 Millionen Tonnen Eis oder knapp 32 Milliarden Liter Wasser enthalten. (So gewaltig das auch klingt, reicht diese Wassermenge gerade mal aus, um die Stadt New York fünf Tage lang zu versorgen.)

Konzentrieren Sie sich bei der Suche nach dem Berg auf günstige Standorte. Diese zeichnen sich dadurch aus, dass Sie den Berg dort leicht manövrieren können. Das Weddellmeer direkt unterhalb von Südamerika vereint gute Eisberg-Jagdgründe mit Strömungen in die richtige Richtung.

Benutzen Sie Ihr MITS, um sich dem Berg zu nähern, und legen Sie Schlepp-Punkte fest. Die Anzahl der Punkte hängt von der Größe des Berges und den verwendeten Ankertypen ab. Es empfiehlt sich dabei, übertrieben vorsichtig zu sein und mehr Schlepp-Punkte einzurichten, als nach Ihren Berechnungen nötig sind. Davon werden Sie profitieren, sobald Sie in raueres Wetter geraten und sich der Zug auf die Schlepppunkte verstärkt, denn mehr Punkte bedeuten eine bessere Verteilung der Last.

Setzen Sie die Anker so, dass sie in einem 90-Grad-Winkel zur Zugrichtung stehen, damit sie nicht losgerissen werden.

2. Packen Sie den Eisberg ein

Der Sinn und Zweck vom Einfangen und Abschleppen eines Eisbergs besteht darin, an sein Wasser zu kommen – an so viel davon wie möglich. Solange er in den kalten Gewässern der Antarktis schwimmt, wird der Eisberg weitgehend unversehrt bleiben. Manche Eisberge halten sich dort zwei Jahre und länger. Doch sobald Sie anfangen, den Berg in wärmere Gewässer zu ziehen, wird er zu schmelzen beginnen und immer kleiner werden. Von dem Schmelzwasser sollten Sie so viel wie möglich auffangen. Dazu packen Sie den Berg mit der Plastikplane ein. Packen Sie ihn von unten ein, so dass die Plane als Auffangschale für das schmelzende Süßwasser fungieren kann. Zu diesem Zweck inspizieren Sie zunächst die Unterwasserabschnitte des Berges mit den Tauchrobotern und entfernen alle scharfen Kanten und spitzen Stellen mittels Sprengstoff. Anschließend bringen Sie mit Hilfe Ihrer Schlepper und Tauchroboter die Plastikplane an. Es empfiehlt sich, mehrere Hüllen, mindestens zwei, zu verwenden und dafür zu sorgen, dass die Nähte nicht unterhalb der Wasserlinie liegen. Sollte das nicht möglich sein, lassen Sie Ihre Taucher die näher an der Oberfläche gelegenen Partien abdichten, während die ROV's sich um die tieferen Abschnitte kümmern. Wo Sie auf die Anker stoßen, schneiden Sie Löcher durch die Umhüllung und dichten die Öffnungen ringsum mit wasserdichtem Klebeband oder Wasserzement ab.

Zu diesem Zeitpunkt installieren Sie auch die Siebeneinhalb-Zentimeter-Ventile, die Sie in die Plane einsetzen. Eines sollte an der tiefsten Stelle des Berges sitzen, die anderen zwei 15 beziehungsweise 30 Meter unter der Wasseroberfläche an den Flanken des Eisbergs.

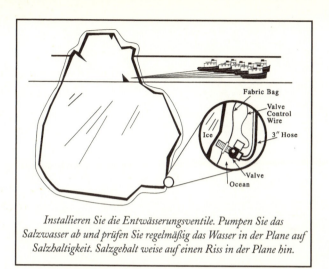

Installieren Sie die Entwässerungsventile. Pumpen Sie das Salzwasser ab und prüfen Sie regelmäßig das Wasser in der Plane auf Salzhaltigkeit. Salzgehalt weise auf einen Riss in der Plane hin.

Die Ventile benutzen Sie, um das Salzwasser abzuleiten, das Sie beim Einpacken des Eises und während der Überfahrt aufnehmen. Beginnen Sie immer mit dem unteren Ventil und arbeiten Sie sich nach oben vor. Sollten Sie dennoch nicht verhindern können, dass Salzwasser ins Süßwasser gerät, wird Ersteres gewöhnlich oben sein, weil es leichter ist. Mittels der Ventile sollten Sie regelmäßig prüfen, wie »süß« das Wasser ist.

3. Befestigen Sie Ihre Schlepptaue und Legen Sie ab

Nun, da der Berg eingepackt ist, verbinden Sie Schlepptaue mit den Ankerpunkten, am besten indem Sie die Trossen um die Rückseite legen, um für mehr Sicherheit während des Schleppvorgangs zu sorgen. Vier Schlepper ziehen, zwei schieben. Funkkontakt zwischen den Schleppern ist ebenso unerlässlich wie genaue Radarbeobachtung.

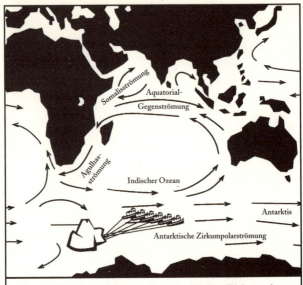

Lassen Sie sich zunächst von der antarktischen Zirkumpolarströmung Richtung Australien treiben und folgen Sie anschließend dem Südäquatorstrom nach Norden und Westen, bis Sie zu einem dürregeplagten Land Ihrer Wahl gelangen.

4. Lassen Sie sich von den Strömungen tragen

Ziehen Sie den Berg vom Weddellmeer nach Norden und nehmen Sie auf der antarktischen Zirkumpolarströmung Kurs in Richtung Osten. Wenn Sie den südlichen Rand des Indischen Ozeans entlangfahren, brauchen Sie weniger Maschinenkraft und Treibstoff.

Wichtige Anmerkung: Denken Sie unbedingt daran, den Berg regelmäßig von Ihren Tauchrobotern und Tauchern inspizieren zu lassen, um nach Lecks und

Rissen unterhalb der Wasseroberfläche zu suchen und sie gegebenenfalls abzudichten. Zudem sollten Sie häufig das Schmelzwasser testen – salziger Geschmack bedeutet, dass irgendwo ein Leck sein muss.

Lassen Sie sich von der antarktischen Zirkumpolarströmung tragen, wobei Sie den Berg behutsam nordwärts schieben und sich allmählich Australien nähern. Am östlichen Rand des Indischen Ozeans werden Sie in eine andere Strömung geraten, den Südäquatorialstrom, der im Indischen Ozean gegen den Uhrzeigersinn zirkuliert. Er wird Sie nach Norden und Westen tragen. Doch seien Sie vorsichtig. Wenn Sie zu weit nach Norden fahren, treffen Sie auf eine Gegenströmung, die vom Südäquatorialstrom aus näher an der Küste liegt und Sie wieder nach Osten und Süden drücken wird. Um das zu vermeiden, nutzen Ihre Schlepperkapitäne die GPS-Informationen (Global Positioning System = Globales Satelliten-Navigationssystem) sowie die Wetter- und ozeanographischen Echtzeitinformationen, die ihnen von kommerziellen Diensten geliefert werden. Sobald Sie sich Afrika nähern, steuern Sie ein von Dürre heimgesuchtes Land Ihrer Wahl an.

Brechen Sie in Fort Knox ein

Was Sie unbedingt brauchen

- Einen Sturmtrupp von insgesamt zehn Leuten, alle mit militärischer Erfahrung, darunter vier erfahrene Aufklärer und Beschatter
- Eine kontaktfreudige Persönlichkeit
- Elektroschockpistolen der Firma Jaycor – vermeiden Sie tödliche Waffen
- Schwarze Kleidung einschließlich Kapuzen, Netzausrüstung zum Transport von Werkzeugen und diversen Ausrüstungsgegenständen sowie Stiefel mit weichen Sohlen; erhältlich aus Restbeständen der US-Armee oder von einem Versand für Sicherheitstechnik
- Schwarze, möglichst leichte kugelsichere Westen (auch Helme werden empfohlen); ebenfalls in jedem Lagerverkauf der US-Armee oder per Versand erhältlich
- Latexhandschuhe
- Drei Viehtransporter plus Fahrer
- Einen Lastwagen, beladen mit Holsteiner Kühen
- Einen Lastwagen, beladen mit 24 Heuballen
- Zwei weiße Lieferwagen ohne Heck- oder Seitenfenster
- Funkgeräte für kurze Distanzen mit breitem Frequenzspektrum, vorzugsweise codierbar – gibt's auch beim Sicherheitstechnik-Versand
- Nachtsichtbrillen (meiden Sie jedoch russische

Modelle aus Restbeständen der Roten Armee; Hinweisen zufolge strahlen sie gefährliche Mengen an Energie aus, die möglicherweise Hirnschäden verursachen)
- Zwei Digitalvideokameras mit Stativen, zusätzlichen Leerkassetten und Batterien
- Digitalkameras
- Ein Schubboot (eine Art Schlepper, der auf dem Mississippi eingesetzt wird, um Lastkähne zu schieben), rostig und abgenutzt, mit einem Kahn, der Weizen geladen hat; mieten oder kaufen Sie das Boot über einen gewerblichen Schiffsmakler.
- Einen Frachter unter der Flagge Panamas mit Scheinfrachtraum – ebenfalls über einen gewerblichen Schiffsmakler zu mieten
- Fünftausend Klarsichtfolien
- Klebeband (Gaffatape)

 ## Erforderliche Zeit

Planen Sie für die Vorbereitung und die Beschaffung der Ausrüstung drei bis vier Monate ein. Vor Ort, im Depot, dürfen Sie sich nicht länger als zwei Stunden aufhalten, vom ersten Kontakt mit den Wachen an gerechnet bis zur Abfahrt mit dem Gold. Was die Zeit nach dem Einbruch betrifft, stellen Sie sich darauf ein, den Rest Ihres Lebens außerhalb der Vereinigten Staaten zu verbringen, am besten in einem Land, das kein Auslieferungsabkommen mit den USA hat (zum Beispiel Kuba) oder das sich im Gegenzug für einen Anteil am Gold weigern wird, Sie auszuliefern.

Das Gold in Fort Knox befindet sich eigentlich gar nicht im Fort selbst. Tatsächlich wird es im US Bullion Depository auf Besitztum gelagert, das früher Teil der Fortanlagen war. Das Depot besteht aus einem zweistöckigen Keller und einem gut zwölf Meter hohen überirdischen Speichertrakt, der größtenteils aus Granit, Stahl und Beton besteht. Im Innern des Gebäudes befindet sich ein Tresorraum aus Stahl und Beton mit zwei Ebenen, der in zahlreiche Fächer unterteilt ist. Die Tür zum Tresorraum wiegt über 20 Tonnen, und aus Sicherheitsgründen kennt keine einzelne Person die Kombination. Um die Tür zu passieren, müssen zwei oder mehr Angehörige des Depotpersonals getrennte Kombinationen eingeben. Dies wird die größte Hürde bei Ihrem Einbruchsversuch sein.

Die Umhüllung des Tresorraums besteht aus Stahlplatten, Doppel-T-Trägern und Stahlzylindern, durchzogen von Stahlbändern und ummantelt mit Beton. Die Decke des Tresorraums ist ähnlich konstruiert und ebenso vom Dach des Depots getrennt wie die Außenwand des Tresorraums. Die Außenmauer des Depots besteht aus betongefüttertem, stahlverstärktem Granit. Es gibt einen Vorder- und einen Hintereingang, der hintere wird zur Anlieferung von ungemünztem Gold oder Silber und von Vorräten benutzt. Das Depot verfügt über ein eigenes Notstromaggregat und eine eigene Wasserversorgung.

An den vier Ecken der Außenfront steht jeweils ein Wachhäuschen, dazu kommen Wachhäuschen am Eingangstor und ein Stahlzaun als äußere Umfassung des Geländes. Innerhalb dieser Umzäunung gibt es noch eine

Betonbarriere zum Stoppen von Fahrzeugen. Die Wachen arbeiten für das US-Finanzministerium, und Sie sollten davon ausgehen, dass sie bewaffnet und in der Lage sind, sich zu verteidigen. Zudem wird der gesamte Komplex mit elektronischen Sicherheitssystemen überwacht und geschützt.

Als letzte und nicht zu unterschätzende Sicherheitsstufe fungieren die Soldaten des an das Depot angrenzenden Forts: Sie gehören zu den Panzertruppen der US-Armee und sind mit Panzern und gepanzerten Mannschaftswagen ausgerüstet.

Die genaue Menge des Fort-Knox-Goldes ist umstritten. Die Zahlen rangieren von unter 1000 bis über 8500 Tonnen. In US-Dollar gerechnet bedeutet dies bei 300 Dollar pro Unze, dass in dem Tresorraum zwischen 9,6 und 81,6 Milliarden Dollar lagern. Die einzelnen Barren sind 17,8 × 9,2 × 4,45 Zentimeter groß, wiegen pro Stück ungefähr 14 Kilogramm und sind jeweils 132 000 Dollar wert. Sie werden unverpackt aufbewahrt.

Es gibt drei grundlegende Strategien, dieses spezielle Projekt zu handhaben. Die erste ist rohe Gewalt – der Sturm auf das Depot mit einer Gruppe bewaffneter Söldner. Angesichts der Nähe zum Fort selbst wäre dafür wahrscheinlich eine Truppe wie für einen ausgewachsenen Militärschlag erforderlich, einschließlich Panzern und Kampfhubschraubern. Es wären zahlreiche Tote zu erwarten und die Chancen zu entkommen tendierten gegen null.

Die zweite Option kann man in dem James-Bond-Film *Goldfinger* bestaunen. Zu diesem Plan gehörte eine Frau namens Pussy Galore und eine Schwadron speziell ausgerüsteter leichter Flugzeuge, die die Anlage mit

Nervengas angriffen. Leider ist diese Idee entschieden zu kinomäßig, so dass sie mit Sicherheit jede Menge unerwünschte Aufmerksamkeit erregen würde.

Die letzte Option setzt auf Intelligenz und eine gehörige Dosis Nötigung. Dies ist die hier vorgestellte Methode.

📖 Anweisungen

1. Datensammlung

Das Depot ist solide gebaut und durchdacht konstruiert, um jeden Versuch zu vereiteln, die Mauern zu durchbrechen oder sich an den Wachen vorbeizuschleichen – die Systeme sind zu gut, der Bau zu robust. Deshalb ist bei der Sicherheit des Goldes der Mensch das schwache Glied in der Kette.

Beginnen Sie mit der Observierung. Stellen Sie an geschützten Standorten die Digitalkameras auf (machen Sie sie mit Hilfe der Klarsichtfolien und des Klebebands wasserdicht), um über einen Zeitraum von 96 Stunden hinweg die Aktivitäten des Depotpersonals zu beobachten. Vergessen Sie nicht, regelmäßig Batterien und Kassetten zu wechseln. Notieren Sie die Ablösezeiten der einzelnen Mitarbeiter und die polizeilichen Kennzeichen ihrer Fahrzeuge.

Lassen Sie Privatdetekteien nach den Namen und Adressen fahnden, die zu den Kennzeichen gehören. Bitten Sie jede Detektei nur um die Überprüfung von drei Nummernschildern und mischen Sie die Kennzeichen willkürlich, damit niemand misstrauisch wird.

Sobald Sie Namen und andere Details der Depotmitarbeiter in Erfahrung gebracht haben, suchen Sie nach finanziellen Schwierigkeiten der Betreffenden wie regelmäßig verspätete Rechnungzahlungen, ausgeschöpfte Kreditkartenlimits etc. So haben Sie bei künftigen Besprechungen ein Druckmittel in der Hand.

Setzen Sie Leute Ihres Teams darauf an, Depotangestellte nach der Polizeistunde zu beschatten, vor allem jene, die anscheinend finanzielle Probleme haben. Ihr Team sollte sich beweiskräftiges Bildmaterial zwielichtiger Machenschaften besorgen, um damit das Depotpersonal zur Mithilfe zu überreden. Ehebruch, illegaler Drogenkonsum, finanzielle Engpässe, Spielschulden und andere persönliche Schwierigkeiten sind zu diesem Zweck sehr hilfreich.

Nutzen Sie die Vorbereitungszeit außerdem dazu, um das Gelände auszukundschaften. Bestimmen Sie längs des Ohio River eine Stelle, wo Sie mit Ihrem Kahn und dem Schubboot anlegen und Gegenstände im Wasser entsorgen können.

2. Verschaffen Sie sich Einfluss

Sobald Sie die anfälligsten Angehörigen des Depotpersonals identifiziert haben, sorgen Sie für zufällige außerdienstliche Begegnungen mit jenen, am besten an Orten, an denen zu sein Sie beide Grund haben — in einer Eckkneipe, auf einem Golfplatz, in einem Park. Der Ort sollte so ausgewählt sein, dass Sie ein scheinbar zufälliges Gespräch anfangen können.

Ihr Ziel ist es, ein gewisses Vertrauen bei einzelnen Depotmitarbeitern herzustellen. Richten Sie Ihr Augenmerk vor allem auf Mitarbeiter, die Zugangscodes kennen, und Wachleute, die in der Lage sind, andere Angehörige des Sicherheitsteams auszuschalten. Mit etwas Glück und einem hinreichend freundlichen Wesen reichen Ihnen ein oder zwei gute Kontakte, um weiteren Leuten vorgestellt zu werden. Angeborene oder erlernte Kontaktfreudigkeit kommt Ihnen dabei sehr zugute.

Bringen Sie nach einer gewissen Zeit Ihr Interesse an dem Betreffenden zum Ausdruck, erkundigen Sie sich nach seiner persönlichen Situation und seinen Problemen und nehmen Sie die Antworten zum Anlass, ihn mit der Idee vertraut zu machen, dass die Lösung aller Probleme möglicherweise irgendwo in den Tresorräumen zu finden sein könnte. Fühlt er oder sie sich in Ihrer Gesellschaft wohl, wird er oder sie sich vermutlich darüber lustig machen. Jetzt besitzen Sie das Vertrauen Ihres Gegenübers und können die nächste Phase einleiten: Sorgen Sie für die Anwesenheit von Maulwürfen (Agenten, die innerhalb einer Organisation Vertrauen genießen, jedoch für jemanden außerhalb arbeiten) im Gelddepot.

3. Infiltrierung

Nun sind Sie an dem Punkt, wo Sie mit der Idee herausrücken können, das Gold mit Hilfe von Depot-Insidern abzutransportieren. Treten Sie einzeln an die empfänglichsten Mitarbeiter heran. Es sollten höchstens fünf sein, ansonsten wird das Risiko zu groß, aufzufliegen. Sollte ein Einzelner ablehnen oder auch nur andeuten, dass er Sie bei der Polizei verpfeifen will, lassen Sie ihm Kopien und Abzüge sämtlicher kompromittierender Informationen und Fotos zukommen, über die Sie verfügen. Sollte auch das nichts nutzen, betäuben Sie ihn mit der Elektroschockpistole und verstecken Sie ihn gefesselt an einem sicheren Ort.

Sobald sich die ersten Insider auf Ihren Plan eingelassen haben, müssen Sie sie noch noch stärker im Auge behalten als vorher. Ihr Team sollte dafür sorgen, dass ihre Wohnungen und Fahrzeuge abgehört werden. Zu weiteren Observierungen ist ebenfalls zu raten. Machen Sie sich beim ersten Anzeichen von Verrat auf zur Grenze.

Wenn alles glatt läuft, setzen Sie den Überfall für eine mondlose, regnerische Nacht an, in der Ihre Maulwürfe auf dem Fort-Knox-Dienstplan stehen.

4. Nähern Sie sich und übernehmen Sie die Kontrolle
Positionieren Sie die Viehtransporter in der Nähe des Depots an einer Raststätte auf dem Highway. In dem einen sollte sich das ganze Vieh aufhalten, in dem anderen die 24 Heuballen. Ihr Sturmtrupp sollte sich in die Lieferwagen begeben, sich umziehen und die Ausrüstungsgegenstände testen. Bevor der eigentliche Überfall beginnt, sollte kein Teammitglied mehr das Fahrzeug verlassen.

Nähern Sie sich nach Einbruch der Dunkelheit zu einer vereinbarten Zeit dem Depot und parken Sie die Lieferwagen versteckt. Ihre Insider werden mit den von Ihnen besorgten Elektroschockpistolen die Wachen ausschalten und dann das Alarmsystem deaktivieren. Alle Wachen außerhalb des Depots werden von Ihrem Sturmtrupp außer Gefecht gesetzt. Fesseln Sie alle Gefangenen mit Klebeband und Knebeln (achten Sie darauf, dass sie noch atmen können) und machen Sie sämtliche Telefone, Funkgeräte, Computer und Waffen unbrauchbar. Bei Festnetztelefonen schneiden Sie die Schnur durch und zerschlagen den Hörer. Bei Computern und Funkgeräten schlagen Sie die einzelnen Geräte in Stücke. Aus Waffen sollten Munition und Schlagbolzen entfernt werden.

Lassen Sie sich durch den Hintereingang in die Anlage schleusen. Stationieren Sie jeweils ein Mitglied Ihres Sturmtrupps vorn und hinten, um Wache zu schieben.

Wichtige Anmerkung: Sie können den Tresor nur knacken, wenn Sie genau die richtigen Leute mit den richtigen Zahlenkombinationen haben. Wenn die ohnehin inzwischen auf Ihrer Seite sind, ist dies kein Problem. Ansonsten müssen Sie sie, nachdem Sie die Anlage unter Kontrolle haben, gewaltsam zur Tür des Tresorraums schaffen und dazu bringen, die Türen zu entriegeln, entweder mit Bestechung – bieten Sie ihnen den gleichen Anteil wie allen sonstigen Beteiligten und sichere Ausreise aus dem Land an – oder indem Sie Ihnen drohen.

5. Erkennen Sie Ihre Grenzen

Rufen Sie über Funk die Viehtransporter und lassen Sie sie zum Hintereingang des Depots kommen, um das Gold zu verladen. Schichten Sie das Gold an der Führerhausseite der Ladefläche auf, aber nicht mehr als 1500 Barren, was einem Gewicht von etwa 18,5 Tonnen und einem Wert von rund 198 Millionen US-Dollar entspricht. Streuen Sie Heu über das Gold und stellen Sie die Kühe drauf. Das Beladen sollte nicht länger als eine Stunde dauern. Jede weitere Minute erhöht über das vertretbare Maß hinaus das Risiko, entdeckt zu werden.

Wichtige Anmerkung: Unter keinen Umständen sollte irgendjemand den Schauplatz mit Gold am Körper verlassen.

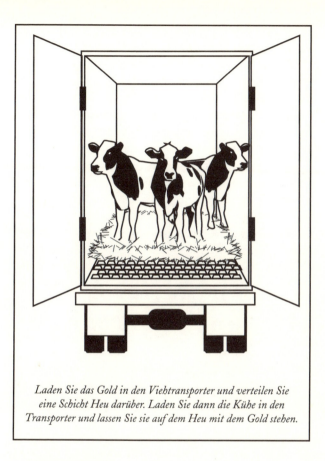

Laden Sie das Gold in den Viehtransporter und verteilen Sie eine Schicht Heu darüber. Laden Sie dann die Kühe in den Transporter und lassen Sie sie auf dem Heu mit dem Gold stehen.

6. Saubere Flucht

Fahren Sie zum Ohio River, wo Schubboot und Schleppkahn angelegt sind. Verladen Sie das Gold in den Lastkahn und decken Sie Weizen darüber. Versenken Sie sämtliche Ausrüstungsgegenstände (Funkgeräte, Elektroschockpistolen, Kleidung etc.) im Fluss. Sobald der Kahn beladen ist, schippern Sie weiter flussabwärts.

Ihr nächstes Ziel heißt New Orleans, wo Sie Gold und Weizen auf den panamaischen Frachter umladen.

Die Viehtransporter sollten weiter in Richtung Südwesten fahren und unterwegs auf einer unbeaufsichtigten Weide voller Kühe halten, um dort Ihr Vieh loszuwerden. Der Rancher ist vielleicht verwirrt, wird aber dankbar sein. Lassen Sie die Laster irgendwo in der Wildnis auf einem verlassenen Forstweg stehen.

Die übrigen Angehörigen Ihres Trupps zerstreuen sich und machen sich auf den Weg nach San Miguel auf der mexikanischen Insel Cozumel, wo der Frachter außerhalb der Zwölf-Meilen-Zone in internationalen Gewässern vor der Küste liegen wird. Sorgen Sie dafür, dass Ihr Team mit einheimischen Fischerbooten zu dem Frachter gebracht wird. Sobald Sie Ihr komplettes Team beisammen haben, nehmen Sie Kurs auf Ihren endgültigen Bestimmungsort.

Wichtige Anmerkung: Wenn Sie die Vereinigten Staaten erst einmal sicher hinter sich gelassen haben, ziehen Sie vielleicht in Erwägung, einen unabhängigen Staat zu gründen. Siehe dazu S. 148 »Gründen Sie einen unabhängigen Staat«.

Durchschwimmen Sie den Ärmelkanal

Was Sie unbedingt brauchen

- Schwimmbrille (bringen Sie Ersatz mit)
- Badekappe
- Schwimmanzug; die Regeln der Channel Swimming Association (CSA) erlauben ein Kleidungsstück, das allerdings nicht aus Neopren oder sonst einem Material sein darf, das dem Schwimmer das Schwimmen erleichtert.
- »Fütterungsstange« mit Korb zum Anreichen von Nahrung und Flüssigkeiten
- Nahrungsmittel und Flüssigkeiten – werden im Lotsenboot mitgeführt
- Hautfett – nach den Regeln der CSA sind alle Sorten schützender Fette erlaubt. Eine von Boots Chemists, Ltd., in Dover gelieferte Mischung aus Lanolin- und Petroleumgelee ist ausgesprochen empfehlenswert, wenn auch nicht sehr modisch.
- Leuchtstäbe
- Ein Lotsenboot, geeignet für eine Kanalüberquerung, mit CSA-Beobachter und Besatzung (mindestens Kapitän und Matrose); das Ausstatten des Lotsenbootes übernimmt die CSA.
- Hilfsteam – einschließlich Ihres Betreuers, Trainers und mindestens eines ausgebildeten Mediziners
- Trockene Kleidung

- Handtuch
- Pass

 ## Erforderliche Zeit

Trainings- und Vorbereitungszeit hängen vom Einzelnen ab. Planen Sie für die eigentliche Durchquerung maximal 16 Stunden ein. Denken Sie bitte daran, dass das Wetter im Ärmelkanal dramatisch umschlagen kann. Um das Risiko so gering wie möglich zu halten, sollten Sie Ihren Schwimmausflug in die Zeit der Schönwetterperioden legen, die normalerweise im Spätfrühling oder Sommer zu erwarten sind.

 ## Hintergrund

Es lässt sich nicht genau bestimmen, wann der Ärmelkanal zum ersten Mal von einem Schwimmer durchquert wurde, aber mit Sicherheit ist dieser Sport deutlich über 125 Jahre alt. Dutzende von Schwimmern haben es geschafft, manche von ihnen viele Male. Laut den neuesten Nachforschungen kann der amtierende Champion auf 32 Durchquerungen verweisen.

Wenn Sie wollen, können Sie den Kanal auf eigene Gefahr durchschwimmen, um jedoch offiziell als Kanalschwimmer anerkannt zu werden, müssen Sie sich bei der CSA anmelden, der offiziellen Organisation, die für die Dokumentation aller Durchquerungen verantwortlich ist. Für das Paket mit den Informationen und Regeln wenden Sie sich an die Channel Swimming Association, Bolden's Wood, Fiddling Lane, Stowting, Ashford, Kent, TN25 6AP, England. Sie müssen nachweisen können, dass Sie bei guter Gesundheit, fit genug für die Strecke und zwischen 16 und 55 Jahre alt sind. Die Einzelheiten des erforderlichen Nachweises erhalten Sie von der CSA, aber im Allgemeinen brauchen Sie einen Arzt, der in einer eidesstattlichen Erklärung ihre Gesundheit und Kondition bestätigt.

Die meisten Kanaldurchquerungen von England nach Frankreich starten unmittelbar vor oder nach der Flut in Shakespeare Beach, vorzugsweise während der Springtiden. Zu dieser Zeit ist das Wetter besser und die Stillwasser-Perioden sind länger. Von den Gezeiten erhalten Sie kaum Hilfe, da sie parallel zur Küste verlaufen und Sie quer zu ihnen schwimmen, doch bei richtiger Planung, mit einem guten Lotsen und etwas Glück werden Sie zumindest nicht von ihnen behindert.

Abgesehen von Unterkühlung, Krämpfen und Ertrinken ist die größte Gefahr im Ärmelkanal der Schiffsverkehr. An einem normalen Tag befahren über 600 Schiffe die Fahrrinnen, hinzu kommen allerlei Fähren, Hovercrafts und kleine Schiffe, die quer zu den Fahrrinnen kreuzen. Sie werden auf der englischen Seite einen 5 Seemeilen (sm) breiten Kanal für den englischen Küstenverkehr durchqueren, gefolgt von einer 4 sm breiten Fahrrinne für den Schiffsverkehr in Richtung Atlantik. Darauf gibt es eine 1 sm breite Zone, welche die Hauptfahrrinnen trennt. Es folgen zwei Fahrrinnen auf französischer Seite, eine 5 sm breite für Schiffe mit Kurs auf die Nordsee und ein 3 sm breiter Kanal für den französischen Küstenverkehr. Mit anderen Worten, auf 17 von den 18,2 sm der Durchquerung werden Sie mit Verkehr von links und rechts zu rechnen haben.

Seien Sie sich dieser Tatsache bewusst, aber unbesorgt. Ihr Lotsenboot ist dafür verantwortlich, den Schiffsverkehr mittels Radar und Meldungen der französischen und englischen Küstenwache zu verfolgen. Gegebenenfalls leitet es Sie um oder lässt Sie Wasser treten. Bei Gefahr wird das Lotsenboot Sie aus dem Wasser holen.

📖 Anweisungen

1. Planen Sie den Schwimmausflug und trainieren Sie
Bevor Sie die Durchquerung in Angriff nehmen, müssen Sie hart trainieren. Sie nehmen nicht nur eine beträchtliche Distanz auf sich (von Shakespeare Beach, Dover, bis Cap Gris Nez in der Nähe von Calais sind es 18,2 sm oder knapp 34 Kilometer), Sie tun es auch noch über weite Strecken in sehr kaltem Wasser. Bestenfalls erreichen die Wassertemperaturen im Kanal vielleicht 18 Grad Celsius (gegen Ende August).

Stellen Sie daher einen Trainingsplan auf, der Streckenschwimmen ebenso umfasst wie Schwimmen in kaltem Wasser. Ihre Vorbereitung sollte sich auf die Faktoren Ausdauer und Kälte konzentrieren. Trainieren Sie nicht in warmem Wasser. Ohne Ihren Körper gegen die Kälte abzuhärten, wird Ihre Leistung durch die niedrigen Kanaltemperaturen stark beeinträchtigt werden, mit nachteiligen Auswirkungen auf Ihre Geschwindigkeit und einem erhöhten Risiko, zu ertrinken oder sich zu unterkühlen.

Legen Sie maßvoll Gewicht in Form von Fett zu, um für eine schnelle Energiereserve zu sorgen. 4 bis 5 Kilo sind ein gutes Ziel. Mit gutem Training – Schwimmen auf leeren Magen – bringen Sie Ihrem Körper bei, die Fettreserven rasch und effizient zu nutzen. Das zusätzliche Fett verbessert darüber hinaus den Auftrieb und ist ein besserer Wärmespeicher.

2. Schmieren Sie sich ein

Bevor Sie ins Wasser steigen, ziehen Sie Ihren Schwimmanzug an und reiben Sie Ihre Haut mit Fett ein. Die Fettschicht isoliert Sie ein wenig gegen die Kälte und bildet darüber hinaus eine Barriere zwischen Ihrer Haut und dem Salzwasser. Die Barriere beugt einem übermäßigen Flüssigkeitsverlust Ihres Körpers und der zu starken Aufnahme von Salzwasser vor. Mit der Wahl der richtigen Creme (kombinierter Sonnen- und Quallenschutz) lässt sich zudem das Risiko eines Quallenbisses auf ein Minimum reduzieren.

Ein Teil Ihrer Durchquerung wird vermutlich im Dunkeln oder in der Dämmerung stattfinden. Zu diesen Zeiten und wenn Nebel oder Regen die Sicht behindert befestigen Sie einen Leuchtstab an Ihrem Anzug. Die Stäbe sind wasserdicht und liefern mehrere Stunden lang gutes Licht. Das Lotsenboot kann Sie so leichter im Auge behalten.

3. Schwimmen Sie los

Begeben Sie sich nach Shakespeare Beach. Steigen Sie ins Wasser. Ein CSA-Vertreter wird Ihre Startzeit notieren. Wenden Sie sich in die richtige Richtung (nach Osten mit leichter Tendenz in Richtung Süden). Schwimmen Sie los.

Es ist kein bestimmter Schwimmstil vorgeschrieben. Schwimmen Sie einfach in dem Stil, der für Sie im jeweiligen Moment am effektivsten ist. Natürlich können Sie auch verschiedene Stile kombinieren. Halten Sie möglichst ein gleichmäßiges Tempo – das hilft Ihnen, warm zu bleiben. Jeder Zug bringt Sie Frankreich um ein großes Stück näher.

Achten Sie beim Schwimmen auf Ihre Körpertemperatur und Ihr Befinden. Die möglichen Anzeichen für eine Unterkühlung sind vielfältig, unter anderem blaue Lippen oder Gliedmaßen, fehlendes Gefühl in Fingern oder Zehen und Schwindel oder Desorientierung. Sobald dies passiert, werfen Sie das Handtuch und klettern ins Boot. Sie können es ein anderes Mal versuchen.

4. Nehmen Sie Flüssigkeit und Kohlehydrate zu sich
Angesichts Ihrer fehlenden Isolierung müssen Sie auf andere Weise dafür sorgen, dass Sie warm bleiben. Die Kanalgewässer können selbst bei einem erfahrenen Schwimmer in 30 bis 60 Minuten Unterkühlung verursachen. Um dies zu verhindern, müssen Sie unablässig schwimmen. Bewegung sorgt dafür, dass Ihr Blut zirkuliert, und verbrennt Kalorien und hilft so, Ihre Kernkörpertemperatur aufrechtzuerhalten.

Legen Sie alle 30 bis 60 Minuten eine Pause ein, um zu essen und zu trinken. Die Nahrungsmittel sollten energiereich und leicht verdaulich sein. Versuchen Sie es mit reinem Tofu, der sehr proteinhaltig ist, und mit kohlehydratreicher Kost. Nehmen Sie vor allem Nahrungsmittel zu sich, die natürliche Kohlehydrate enthalten, wie Äpfel, Bananen oder Trockenobst. Aber seien Sie vorsichtig, übermäßiger Genuss führt unweigerlich zu Magen-Darm-Beschwerden. Ebenfalls gut sind Maisbrot oder Maismuffins. Trinken Sie viel Wasser und heiße Getränke (beispielsweise erwärmte Iso-Getränke). Erwärmte Flüssigkeiten helfen Ihnen, die Kerntemperatur Ihres Körpers aufrechtzuerhalten.

Wichtige Anmerkung: Nach den Regeln der CSA dürfen Sie während des Schwimmens keine wie auch immer gearteten Schwimmhilfen benutzen. Das bedeutet, dass Sie zwar Nahrungsmittel und Getränke vom Lotsenboot aufnehmen, aber nicht das Boot oder eine darauf befindliche Person berühren dürfen. Die Standardmethode besteht darin, sich Essen und Trinken mit der »Fütterungsstange« herüberreichen zu lassen.

6. Bonjour, mon ami

Torkeln, kriechen oder gehen Sie aus eigener Kraft den Strand hoch. Sobald Sie trockenen Boden über der Hochwassermarke erreichen, haben Sie die Durchquerung erfolgreich absolviert und gehen in die Liste der erfolgreichen Kanalschwimmer ein. Alles, was Sie jetzt noch tun müssen (abgesehen vom Aufwärmen und Abtrocknen), ist, den französischen Einwanderungsbeamten Ihren Pass vorzuzeigen.

Sie dürfen zu keinem Zeitpunkt das Begleitboot oder eine darin befindliche Person berühren. Lassen Sie sich die Verpflegung von der Bootsbesatzung mit einer Fütterungsstange anreichen.

Fliegen Sie durch das Auge eines Hurrikans

Was Sie unbedingt brauchen

- Ein Flugzeug vom Typ Hercules WC-130
- Besatzung: Pilot, Kopilot, Bordingenieur, Wetter-offizier für Luftaufklärung, ein Mann Bedienung für das Dropsonden-System (Wetteroffizier und Dropsonden-Bedienung sind optional, jedoch erforderlich, wenn Sie Wetterdaten sammeln wollen)
- Dropsonden (meteorologische Satelliten, die per Fallschirm oder Ballon von einem Flugzeug aus eingesetzt werden)
- 32 000 Liter Treibstoff
- Ein abgepacktes Mittagessen und eine leichte Mahlzeit für zwischendurch (Obst, Chips, Studentenfutter etc.)
- Iso-Getränke
- Sonnenbrille mit polarisierten Gläsern und UV-Schutz
- Dramamin oder andere Medikamente gegen Reisekrankheit
- Spucktüten für Luftkranke

 Erforderliche Zeit

Planen Sie zwei bis drei Stunden Flugvorbereitung und sechs bis zwölf Stunden Flugzeit ein.

Hurrikans, Zyklone und Taifune sind über dem Atlantik, dem Pazifik und dem Indischem Ozean fast an der Tagesordnung und gehören, was Ausmaß und Kraft betrifft, zu den gefährlichsten und zerstörerischsten Wetterphänomenen. Die Gebiete, in denen diese Stürme am häufigsten vorkommen, stehen unter ständiger Beobachtung durch Wettersatelliten, und bei den ersten Anzeichen, dass es ungemütlich wird, übernehmen Flugzeuge anstelle von Satelliten die Überwachung der Stürme. Im Atlantik erledigt dies das National Hurricane Center (NHC) in Miami, Florida, das im Falle eines Falles augenblicklich die Besatzungen der Maschinen benachrichtigt.

 Anweisungen

1. Halten Sie sich bereit

Dieses Projekt können Sie zeitlich nicht planen. Halten Sie sich während der Saison (August bis November) auf Ihrem Luftstützpunkt in Florida bereit. Das NHC verfolgt Stürme, die den Atlantik von Westafrika her überqueren, und hält auf Satellitenbildern nach Stürmen Ausschau, die sich wahrscheinlich zu echten Hurrikanen entwickeln. Man wird Sie anrufen, wenn es so weit ist.

2. Einsatzbesprechung und Zeit vor dem vor Flug

Wenn aus einem Sturm ein Hurrikan und somit wahrscheinlich ein Problem wird, erfolgt vom NHC eine Anweisung, Ihre Maschine auf einen Flug durch den Sturm zu schicken, um Daten zu sammeln. Die Daten werden zum einen zur Überwachung benötigt – für den Fall, dass der Sturm beschließt, unangenehm zu werden – zum anderen sollen sie wissenschaftliche Erkenntnisse liefern.

Man wird Sie über ihren speziellen Sturm, einschließlich Standort und Beschaffenheit, den Flugplan und alle weiteren relevanten Informationen in Kenntnis setzen. Dazu gehören Daten sowohl über den Hurrikan (Position, Reiserichtung, Windgeschwindigkeiten) als auch über alle anderen wichtigen Umstände.

Machen Sie nach Ihrer Einsatzbesprechung eine Runde um das Flugzeug und untersuchen Sie es auf Probleme – lose Kabel, defekte Leitungen, eben auf alles, was locker sein könnte. Und vergessen Sie nicht, Ihren Treibstoffvorrat noch einmal mit Ihrem Flugplan abzugleichen und dabei Eventualitäten mit einzubeziehen. Manche Flugzeuge lassen sich in der Luft nachtanken, aber nicht unter extremen Witterungsbedingungen.

Schließen Sie die letzten Kontrollen vor dem Flug ab und starten Sie die Motoren. Während Sie sie einzeln anlassen, sollte der Zuständige für die Dropsonden draußen an der Maschine stehen und auf die Motoren achten. Er wird alles Ungewöhnliche melden, was auf einen Defekt hindeuten und die Mission platzen lassen könnte, beispielsweise auf Flammen, Vibrationen, auslaufende Flüssigkeiten oder übermäßigen Qualm.

Wenn alle an Bord sind und der Kontrollturm die Flugerlaubnis erteilt hat, begeben Sie sich zu den Ihnen zugewiesenen Rollbahn. Wegen der schweren Treibstofflast brauchen Sie mindestens anderthalb Kilometer Startbahn, um die Hercules vom Boden zu bekommen.

3. Bekämpfen Sie die Langeweile

Bis Sie den Hurrikan tatsächlich erreichen, gibt es nicht viel zu tun. Den größten Teil des Fliegens erledigt der Autopilot, also haben Sie jetzt, abgesehen von der periodischen Überprüfung des Kurses und der Beobachtung der Instrumente auf irgendwelche Warnzeichen, jede Menge Zeit, den Inhalt Ihres Lunchpaketes zu verzehren, eine Tasse Kaffee zu trinken und den Flug zu genießen. Denken Sie daran, falls Sie leicht luftkrank werden, besser früher als später Dramamin zu nehmen.

4. Schnallen Sie sich an!

Nähern Sie sich dem Hurrikan von Nordwesten. Etwa 170 Kilometer vor dem Auge des Sturms gehen Sie runter auf 3 000 Meter. In dieser Höhe können Sie das Innerste des Sturms überwachen und, sobald Sie das Auge erreichen, die Dropsonden punktgenau abwerfen, während sie Ihrem Flugzeug und der Besatzung einen relativ sicheren Flug bieten.

Ihr Wetteroffizier wird den ganzen Flug über Daten gesammelt haben, aber weisen Sie ihn jetzt an, seine Instrumente auf den Schnellmodus (High Density Data Mode) umzuschalten, der alle 30 Sekunden Informationen zu Position und Wetter sammelt. Sämtliche zusammengetragene Informationen werden via Satellit zur Analyse an das NHC übermittelt.

Der Flug wird nun langsam, aber sicher unruhig werden, da das Flugzeug mit starken Winden kämpft, die Sicht wird auf null fallen. Womöglich können Sie nicht einmal mehr die Spitzen der Tragflächen erkennen. Seien Sie ganz beruhigt. Das ist normal. Je mehr Sie sich der Augenwand (dem Ring aus Wolken, der das Auge des Hurrikans umgibt) nähern, um so schlimmer wird es. Überzeugen Sie sich davon, dass Sie in Ihrem Sitz ordentlich angeschnallt sind, bevor Sie die Augenwand tatsächlich durchqueren. Vergewissern Sie sich über die Bordsprechanlage, dass alle Crewmitglieder an ihren Plätzen und ebenfalls gesichert sind.

5. Die Ruhe

Sobald Sie die Augenwand passieren, wird Ihr Flugzeug ziemlich übel hin und her geschubst werden. Abwärtsströme zwingen die Maschine vielleicht, um bis zu 300 Metern zu sinken, aber nach zwei bis vier Minuten wird die Dunkelheit rasch verschwinden, der Regen wird aufhören, auf die Außenhaut zu prasseln, und Sie werden in die relative Ruhe des Hurrikanauges eintauchen. Sie befinden sich jetzt im »Stadion« und überfliegen einen Zylinder aus klarer Luft, während die Wolken sich Reihe um Reihe wie die Sitze in einer Sportarena zum blauen Himmel auftürmen und gut drei Kilometer darunter zur Oberfläche des Ozeans abfallen.

Drehen Sie die Klimaanlage auf. Das Hurrikanauge hat eine höhere Temperatur als die umliegenden Wolken, daher wird es sehr warm werden, 27 Grad Celsius oder noch wärmer.

Überzeugen Sie sich davon, dass der Mann für die Dropsonden startklar ist, und steuern Sie die Maschine in das Zentrum des Auges. Während Sie das Zentrum überfliegen, wird der Bediener das Abschussrohr mit einer Dropsonde laden. Ihr Wetteroffizier wird sorgfältig die äußeren Windgeschwindigkeiten überwachen. Unter Berücksichtigung der Eigengeschwindigkeit des Flugzeugs wird er feststellen, dass der Wind, der von links gekommen ist, sich plötzlich legt und dann nach rechts wechselt.

Wenn dies geschieht, befinden Sie sich exakt im Zentrum des Hurrikans. Lassen Sie die Dropsonde hier aussetzen. Die etwa 40 Zentimeter lange Einheit mit einem Durchmesser von 8,25 Zentimetern wird von dem Abschussrohr ausgeworfen, kurz darauf öffnet sich ein Fallschirm, der sie langsam auf die Oberfläche des Ozeans herabschweben lässt. Im Fallen wird sie Außentemperatur, Luftfeuchtigkeit und atmosphärischen Druck im Verhältnis zur Höhe registrieren und dabei ein vertikales Profil des Sturmauges erstellen. Die Daten werden per Hochfrequenzfunk zum Flugzeug übertragen, wo Ihr Bediener sie analysiert und für die Übertragung via Satellit zurück zum NHC verschlüsselt.

6. Ein X markiert die Stelle
Fliegen Sie gegenüber der Stelle, an der Sie in das Auge hineingeflogen sind, durch die Augenwand, steuern Sie draußen weitere 170 Kilometer in Richtung Südosten und wenden Sie sich dann genau nach Norden. Fliegen Sie mit Hilfe Ihres Leitsystems 225 Kilometer, drehen Sie dann nach Südwesten und steuern Sie erneut das Auge des Sturms an. Dies ist der Anfang eines so genannten Alpha Patterns, einer Flugroute, die, wenn man sie auf einer Karte des Sturms einzeichnet, wie ein gewaltiges X aussieht. Das Alpha Pattern bringt Ihr Flugzeug wiederholt durch das Innerste des Hurrikans.

Sobald Sie in das Auge fliegen, wiederholen Sie die Prozedur zum Abwurf der Dropsonde, verlassen das Auge und fliegen draußen weitere 170 Kilometer, wenden Sie sich dann für weitere 225 Kilometer nach Norden und drehen Sie anschließend nach Südwesten durch das Auge ab. Folgen Sie diesem Muster, bis Sie das Auge insgesamt viermal passiert haben, was etwa acht Stunden dauern wird und angesichts von Crew-Ermüdung und Treibstoffverbrauch ein angemessenes Limit darstellt.

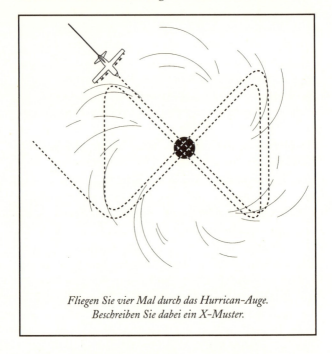

Fliegen Sie vier Mal durch das Hurrican-Auge.
Beschreiben Sie dabei ein X-Muster.

Vier Überflüge sind der Standardauftrag, danach kehren Sie zum Stützpunkt zurück. Eine andere Maschine wird die Überwachung übernehmen. Dieser Grad an kontinuierlicher Echtzeit-Beobachtung liefert dem NHC und den Wetterdiensten wertvolle meteorologische Daten, sowohl für Notfallplanungen hinsichtlich des einzelnen Sturms als auch für allgemeine Erkenntnisse über solche Wetterphänomene.

Bergen Sie einen Teil der *Titanic*

Was Sie unbedingt brauchen

- Ein voll ausgerüstetes Bergungsschiff, ausgestattet mit Arbeitsbereichen auf dem Achterdeck, mehreren Kränen und Winden, Aufbewahrungskästen für Kette, Trossen etc., globalem Satelliten-Navigationssystem (GPS) sowie mit Bug- und Heckantrieb, um über dem Wrack die Position besser halten zu können. Das Schiff muss Proviant für eine Besatzung von 30 Mann und das Bergungsteam mitführen.
- Zwei Zwei-Mann-Mini-U-Boote, ausgelegt auf 6 000 Meter Tiefe, mit externen Roboterarmen, Lotsen und Wartungsteam
- Ersatzteile für die Mini-U-Boote
- Ein U-Boot-Begleitschiff samt Besatzung (ein eigens für die Wartung und Überprüfung von U-Booten konstruiertes Wasserfahrzeug)
- Zwei bis vier Tauchroboter (ROVs), die in 6 000 Metern Tiefe arbeiten können, mit Bedienpersonal und Wartungsteam
- Fünfzehn Ballons mit einer Hebekapazität von jeweils 2 Tonnen
- Polsterungsmaterial aus Segeltuch
- 30 Tonnen Ankerkette – darf gebraucht sein
- Zusätzlichen Dieseltreibstoff

- EOScan-Sonarsystem
- Unterwasser-Beleuchtungssysteme, batteriebetrieben und geeignet für Tiefen von 4 000 Metern und mehr
- Unterwasser-Signalbaken, die akustische Signale aussenden und für Tiefen von 4 000 Metern und mehr ausgelegt sind
- Mehrere ferngesteuerte Abwurfvorrichtungen plus Kontrollsystem; die Vorrichtungen können bei einer Firma für Seeausrüstung in Auftrag gegeben werden und müssen so konstruiert sein, dass sie sich durch ein verschlüsseltes akustisches Signal aktivieren lassen.
- Eine Dokumentarfilm-Crew mit Ausrüstung
- Dramamin

 ## Erforderliche Zeit

Fünf Wochen, je nach Wetterlage und auftretenden Schwierigkeiten

 ## Hintergrund

Jedes Objekt scheint im Wasser weniger zu wiegen als auf dem Trockenen, weil das Gewicht des Objekts um das Gewicht des von ihm verdrängten Wasservolumens vermindert wird (etwa 64 Pfund pro Kubikfuß [0,028 m^2] Seewasser). Nehmen Sie zur Veranschaulichung an, Sie hätten eine Metallkiste von einem Fuß (30 Zentimeter) im Quadrat, die an Land 120 Pfund wiegt. Wenn man sie ins Wasser wirft, wird sie untergehen. Sobald sie im Wasser ist, beträgt ihre scheinbares Gewicht nur noch 56 Pfund, weil sie einen Kubikfuß Wasser verdrängt (der 64 Pfund wiegt). Um den Kubus vom Grund zu heben, muss die auf die Kiste angewandte Hubkraft daher mehr als 56 Pfund betragen. Diese Gewichtsverhältnisse sind für die Ausführung Ihrer Aufgabe enorm wichtig.

Es gibt zahlreiche Methoden, etwas aus dem Wasser zu heben. Ein Weg ist der Einsatz roher Gewalt, indem man Trossen an dem Objekt befestigt und es mittels einer Winde nach oben zieht. Doch je tiefer das Objekt liegt, desto mehr Trosse brauchen Sie, und Sie heben nicht nur das Objekt, sondern auch das Gewicht der Trosse. Da die *Titanic* in knapp 4 000 Metern Tiefe liegt, würden Sie eine Menge sehr schwerer Trosse brauchen, um irgendetwas, gleich welcher Größe, hochzuziehen. Es ist nicht unmöglich, aber zweifellos nicht die eleganteste Methode, die Sache zu bewältigen.

Die zweite Option ist eine Art schwimmender Lift, der mit Pontons oder Ballons funktioniert. Es ist, als würde man einen Heliumballon an einem kleinen Gegenstand befestigen. Wenn der Auftrieb des Pontons oder Ballons größer ist als das Gewicht des Gegenstands, wird der Gegenstand nach oben steigen. Für einen Bergungsversuch in mindestens drei oder mehr Kilometern offener See ist dies der praktischere und einfachere Weg zum Erfolg.

 Anweisungen

1. Finden Sie die *Titanic*
Bevor es Robert Ballard am 1. September 1985 gelang, den Standort der *Titanic* zu orten, konnte niemand ihre

genaue Position. Selbst danach wurden die Koordinaten eine Zeit lang weitgehend geheim gehalten, aber inzwischen ist der Ruheplatz des gigantischen Schiffes ausreichend dokumentiert. Begeben Sie sich mit Ihrem Bergungsschiff direkt auf 41 Grad 43 Minuten nördlicher Breite, 49 Grad 56 Minuten westlicher Länge.

2. Gehen Sie gründlich vor

Sobald Sie die grobe Umgebung der Wrackteile erreicht haben, starten Sie in eine so genannte Box-Search (Kästchensuche) und machen mittels Sonar deren genaue Lage ausfindig. Für die Box-Search legen Sie einen Kurs fest, der die vier Seiten eines Rechtecks beschreibt, wobei Sie sich nach jeder Runde weiter vom Mittelpunkt weg bewegen. Der Meeresboden in der unmittelbarer Nähe des Wracks ist eben, der Rumpf der *Titanic* ragt als etwa 240 Meter langer Grat hervor. Sobald Sie ihn entdeckt haben, tragen Sie die Koordinaten der Position Ihres Schiffes auf Ihren Seekarten ein. Bestätigen Sie die Position mit Ihrem GPS.

Lassen Sie an den Koordinaten des Wracks Ihre Tauchroboter zu Wasser, um sich zu vergewissern, dass Sie an der richtigen Stelle sind, und den Grund nach einem Bergungsziel abzusuchen. Es ist kostengünstiger, dafür die Tauchroboter einzusetzen als die bemannten Mini-U-Boote. Die Tauchroboter sollten nach Schiffsteilen suchen, die entweder schon abgetrennt oder zumindest locker genug sind, dass sie mit minimalem Aufwand losgeschweißt werden können. Das Ziel sollte außerdem so gut erhalten sein, dass es die Bergung übersteht, und einen gewissen ästhetischen Reiz besitzen. Geben Sie sich nicht mit dem erstbesten großen Stück Walzstahl zufrieden, auf das Sie stoßen. Das zu bergende Wrackteil sollte irgendein Merkmal aufweisen, das den Betrachter an die *Titanic* und an Schiffswracks denken lässt, wie beispielsweise ein Bullauge oder eine wasserdichte Tür.

Wichtig ist, das ungefähre Gewicht des Objekts zu kennen. Unter Berücksichtigung der Gewichtsminderung durch Wasserverdrängung können Sie auf dieser Grundlage den Auftrieb abschätzen, der für das Heben erforderlich ist. Um das Gewicht zu bestimmen, errechnen Sie zunächst anhand der Abmessungen das Volumen des Wrackteils. Multiplizieren Sie anschließend das Volumen mit dem Gewicht des Stahls. Zweieinhalb Zentimeter dicke Stahlbeplattung wiegen ungefähr 18,5 kg pro Quadratfuß (929,0304 cm^2) und verdrängt 2,665 Liter Wasser. Die für eine Ein-Quadratfuß-Platte dieser Dicke erforderliche Netto-Hubkraft beträgt etwa 16,5 kg. Ein solides Stück zweieinhalb Zentimeter dicker Rumpfbeplattung von zweieinhalb mal drei Metern Größe würde bei einer Wasserverdrängung von ungefähr 213 Litern etwa 1480 kg wiegen. Die angewendete Hubkraft müsste mindestens 1285 kg betragen.

Die gesamte Hebeausrüstung sollte aus Sicherheitsgründen auf 120 Prozent dessen bemessen sein, was das Bergungsziel an Land wiegen würde (bei diesem Beispiel wären das die vollen 1480 kg). Damit verschafft man sich eine gewisse Fehlertoleranz und trägt dem Umstand Rechnung, dass man, sobald das Objekt das Wasser verlässt, sein volles Gewicht bewältigen muss.

Sobald Ihre Tauchroboter einen guten Kandidaten identifiziert haben, lassen Sie eines Ihrer Mini-U-Boote zu Wasser, das sich die Sache aus der Nähe ansehen und es gegebenenfalls mit einem Sender markieren soll.

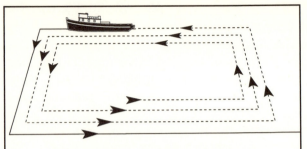

*Arbeiten Sie sich bei Ihrer Suche vom Mittelpunkt –
dem dokumentierten Lageort der Titanic – in rechteckigen
Umkreisungen weg (Box Search).*

3. Beleuchten Sie den Abgrund

In einer Tiefe von knapp 4 000 Metern ist es, von gele-
gentlichen Lichtblitzen lumineszierenden Tiefseelebens
abgesehen, stockfinster. Um erfolgreich arbeiten zu können, werden Sie für Arbeitsbeleuchtung am Bergungsort
sorgen müssen.

Lassen Sie oberhalb Ihres Bergungsziels vom Bergungsschiff aus mit Trossen Beleuchtungseinheiten auf
den Meeresboden hinab. Sobald diese dort angekommen
und von Ihren U-Booten richtig positioniert worden
sind, lösen Sie die Trosse und ziehen Sie sie wieder an
die Oberfläche. Vier bis sechs Beleuchtungseinheiten
sollten genügen.

Lassen Sie Stahltrosse nach unten, die Sie zum
Schutz des Wrackteils und der Taue mit Segeltuch gepolstert haben. Wenden Sie die Dreifachregel an: Wenn
zur Erledigung einer Aufgabe eine Sache ausreicht, nehmen Sie lieber drei. Damit ist ein Maß an Redundanz
gewährleistet, das unter normalen Umständen kaum je
versagen wird. Arbeiten Sie mit mehreren Gruppen von

je drei Trossen und bestimmen Sie die Gesamtzahl und Stärke der Trosse, damit Sie genaue Zahlen für Ihre Gewichtsschätzung haben. Die Trosse sollten mindestens 19 Millimeter stark sein. Verbinden Sie jede Gruppe von drei Trossen mit Hebeösen: verstärkten, zu einem Knäuel verschlungenen Trossenden.

> **Wichtige Anmerkung:** Solange weder eines Ihrer U-Boote noch ein Tauchroboter auf dem Meeresboden arbeitet, schalten Sie die Beleuchtung aus.

4. Öl und Wasser vermischen sich nicht

Sobald Sie das Wrackteil mit Trossen und Hebe-Ösen vorbereitet haben, sollten Sie sich bereit machen, die Ballons einzusetzen. Im Gegensatz zu herkömmlichen Pontons, die mit druckluftgefüllten Metallröhren verstärkt sind, haben Ballons eine weiche Außenhaut und werden mit Diesel aus Ihren Schiffsreserven gefüllt.

Der Wasserdruck in der Tiefe der *Titanic* ist extrem, etwa 370-mal größer als der Druck an der Oberfläche. Deswegen wäre allein schon die Menge an Pressluft, die über drei Kilometer nach unten gepumpt werden müsste, bloß um zu verhindern, dass die Pontons zerquetscht werden, gewaltig. Zudem müssten die Pontons extrem robust sein, um den Druckveränderungen von der Wasseroberfläche bis zum Meeresboden und wieder zurück standzuhalten, vor allem, da sie beim Aufsteigen übermäßig Druck ablassen. Ist der Druck im Innern dieser Art von Pontons zu hoch, zerreißen sie, sobald die Tiefe geringer wird.

Bei dieselgefüllten Ballons gibt es diese Probleme nicht. Sie verfügen über eine weiche Außenhaut und enthalten eine nicht komprimierbare Flüssigkeit, so dass

Druckveränderungen folgenlos bleiben. Der Dieseltreib-stoff ist leichter als das umgebende Wasser. Die Ballons steigen auf, unabhängig von der Tiefe, und Druckverän-derungen sind kein Problem.

Füllen Sie an der Oberfläche jeden Ballon mit Diesel und beschweren Sie ihn mit der gebrauchten Ankerkette oder irgendwelchem anderen Altmetall. Jeder Ballon er-fordert 1800 kg Ballast plus weitere 450 kg, um ihn zum Sinken zu bringen und auf dem Meeresboden zu stabili-sieren. Die Ballons sollten mit einem Sonar-Transponder ausgestattet sein, damit Sie sie leicht finden können, sollten sie mal wegtreiben. Zudem erfordert die Verbin-dung zwischen Ballast und Ballon eine ferngesteuerte Abwurfvorrichtung.

Heben Sie jeden Ballon, sobald er präpariert ist, mit einem Kran vom Deck, senken Sie ihn anschließend ins Wasser hinab und werfen Sie ihn ab.

Wichtige Anmerkung: Wenn Sie die Ballons ins Wasser lassen, peilen Sie Ihr Ziel genau an und berücksichtigen Sie dabei die mögliche Abdrift auf-grund der Strömung. Lassen Sie die Ballons in der Nähe des Wrackteils hinab, nicht direkt darüber. Ver-gewissern Sie sich, dass Ihre Mini-U-Boote dem Zielgebiet fernbleiben, solange die Hubballons hi-nuntergelassen werden.

Sind alle Ballons unten, werden die Mini-U-Boote sie einsammeln und an den Hebeketten verankern. Jeder Bal-lon sollte unbedingt an mindestens zwei Kettensätzen be-festigt werden, für den Fall, dass einer sich löst. Zudem empfiehlt es sich, mehr Ballons zu verwenden als rechne-risch notwendig. Weil Wassertemperatur und -dichte sich mit zunehmender Tiefe verändern, kann es vorkommen, dass die Ballons unterwegs stehen bleiben, wenn sie auf einen Temperaturanstieg treffen – benutzen Sie 20 Prozent mehr Hubkraft, als mindestens erforderlich ist.

In obigem Beispiel könnte eine 1480-kg-Stahlplatte problemlos von einem einzigen Hebeballon bewältigt werden, der eine Hubkraft von 1800 kg ausübt.

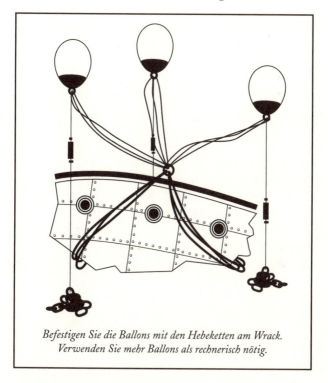

Befestigen Sie die Ballons mit den Hebeketten am Wrack. Verwenden Sie mehr Ballons als rechnerisch nötig.

5. Hau ruck!

Nachdem die Ballons an dem Wrackteil angebracht sind, überprüfen Sie die Anordnung ein zweites und drittes

Mal und positionieren Sie die Mini-U-Boote in der Nähe der Hebezone, nahe genug, um alles beobachten zu können, aber nicht so nahe, dass sie sich in den Tauen verfangen.

Ihre Ballons werden von dem Ballast (der Ankerkette) an ihrem Platz gehalten. Ballast und Ballons sind durch eine akustisch gesteuerte Abwurfvorrichtung verbunden. Auf Ihre Anweisung hin sendet eines der U-Boote vor Ort von einem externen Transponder aus einen Signalimpuls. Jede Ihrer Freigabevorrichtungen besitzt einen einkodierten separaten Auslöseimpuls, so dass Sie die Hebeballons nacheinander entkoppeln können. Wenn Sie richtig gerechnet haben, werden Sie nicht allen Ballast abwerfen müssen. So können Sie, sollte das Wrackteil während des Aufstiegs wegen einer Temperaturinversion oder eines Versagens der Ausrüstung zum Stillstand kommen, weiteres Gewicht abwerfen.

Das Auftauchen wird mindestens zwei Stunden in Anspruch nehmen. Überwachen Sie derweil Position und Kurs des Wrackteils und halten Sie Ihre Schiffe fern. Sobald die Ballons auftauchen, schicken Sie Taucher ins Wasser, um an den Hebeösen Taue von dem Kran auf dem Bergungsschiff zu befestigen. Achten Sie darauf, dass sie auch an den Ballons Bergungsleinen befestigen.

Ist alles gesichert, bringen Sie Zugspannung auf die Kranseile und lösen Sie die Ballons. Hieven Sie das Wrackteil an Deck und platzieren Sie es in einem Becken mit Süßwasser. Jetzt, da es einer sauerstoffreichen Atmosphäre ausgesetzt ist, wird es sehr bald anfangen zu korrodieren. Das Süßwasser wird sowohl diesen Prozess verlangsamen als auch Salz aus dem Wrackteil schwemmen.

6. Seien Sie ein Umweltfreund

Öl ist weder angenehm für das Leben im Meer noch besonders billig. Vergessen Sie also nicht, den Dieseltreibstoff aus den Ballons wiederzuverwerten, sobald Sie das Wrackteil verstaut haben. Bergen Sie auch Ihre Lampen.

7. Legen Sie Ihre Verluste Offen

Die Bergung der *Titanic* ist erlaubt, solange nichts von dem gehobenen Material mit Gewinn veräußert wird. Vielleicht bedienen Sie sich der Hollywood-Definition von Gewinn (die da lautet, dass der Film, egal wie gut er läuft, überhaupt kein Geld eingespielt habe) oder Sie stiften das geborgene Material einer gemeinnützigen Einrichtung und profitieren von den Steuervorteilen. Vielleicht verlieren Sie dabei etwas Geld, aber ein guter Deal mit der Dokumentarfilm-Crew über die Ausstrahlung der Bergungsaktion wird Ihre Verluste wieder wettmachen.

Siegen Sie beim Sumo-Ringen

Was Sie unbedingt brauchen

- Einen *dohyo* (Sumo-Ring)
- Einen *mawashi* (Lendenschurz aus bunter Seide)
- Einen oder mehrere *rishiki* (Gegner)
- Einen *gyoii* (Kampfrichter)
- *Chikara-mizu* (geweihtes Wasser)
- *Shiko* (Salz)

 Erforderliche Zeit

Trainingszeit plus ungefähr drei bis zehn Minuten pro Ringkampf plus zwei Wochen für die Teilnahme an einem kompletten Turnier.

 Hintergrund

Die Sumo-Tradition in Japan reicht viele Jahrhunderte zurück, doch erst in jüngster Zeit wurde die Kampfart auch Nichtjapanern zugänglich gemacht. Noch in den siebziger Jahren war ein auf Hawaii geborener Amerikaner, Jesse Takimiyama, der einzige teilnehmende Ausländer. In den neunziger Jahren waren mindestens drei Amerikaner (Akebono, Musashimaru und Konishki), alle auf Hawaii geboren, auf den Spitzenrängen zu finden. Die meisten haben die japanische Staatsbürgerschaft angenommen, was sie für japanische Fans anscheinend akzeptabler macht. Um wirklich Erfolg beim Sumo-Ringen zu haben, werden Sie diesem Beispiel folgen müssen.

Sumo – das sind nicht einfach zwei fette Männer in *mawashis*, die miteinander ringen. Es gibt siebzig verschiedene Ringtechniken, darunter Schlagen, Schieben, Heben und Werfen, wobei sämtliche Techniken auf Geschicklichkeit und Kraft beruhen.

Die Regeln sind eindeutig festgelegt. Es ist verboten, mit geballter Faust zu boxen, den Gegner in die Augen zu stechen, vor die Brust oder in den Bauch zu treten, an den Haaren zu ziehen, ihm Finger nach hinten zu biegen oder auf *beide* Ohren gleichzeitig zu schlagen. Sieger ist derjenige, der seinen Gegner aus dem Grashalmkreis, der die Kampfzone des *dohyo* markiert, hinausdrängt oder den anderen *rishiki* zwingt, als Erster mit einem anderen Teil seines Körpers als den Fußsohlen den Lehmboden zu berühren.

Es gibt Gelegenheiten, bei denen es einem Ringer gelingt, seinen Gegner niederzuwerfen, er dabei jedoch auf ihn gezogen wird. In diesem Fall streckt er vielleicht eine Hand aus, um weniger heftig auf den unten Liegenden zu prallen, und berührt so als Erster den Boden des *dohyo*. Man erklärt ihn trotzdem zum Sieger, da er seinen Gegner vor einer Verletzung bewahrt hat.

 Anweisungen

1. Lehrzeit und Kränkungen

Wenden Sie sich an einen Sumo-Stall und werden Sie Mitglied. Diese Ställe werden normalerweise von älteren, ehemaligen Ringern geleitet. Man wird von Ihnen verlangen, den Diener für die älteren Stallmitglieder zu machen, entsprechend werden Sie einen Großteil Ihrer Zeit damit verbringen, für sie zu putzen, zu kochen und Besorgungen zu erledigen. Mit der Zeit wird man Ihnen Techniken beibringen und Sie als Sparringspartner einsetzen.

Diese Erfahrung kann erniedrigend sein, ist aber ein wichtiger Teil des Prozesses. Sie werden wertvolle Lektionen lernen und ein für *sumo* typisches Gefühl der Ruhe und Gelassenheit entwickeln. Ihre Trainer werden es Sie wissen lassen, wann Sie bereit für den Wettkampf sind.

2. Werden Sie fülliger und schwabbeliger

Es gibt keine Idealgröße für einen Sumo-Ringer. In den letzten Jahrzehnten ist das durchschnittliche Gewicht gestiegen, die größten Ringer wiegen mehr als 250 Kilogramm. Ein 120-Kilo-Ringer gilt bereits als klein. 145 bis 170 Kilogramm sind ein gutes Zielgewicht; das ist ausreichend Masse, ohne dass man an Schnelligkeit und Beweglichkeit einbüßt.

Die Sumo-Basisernährung sollte reich an Kohlehydraten und darauf ausgelegt sein, Masse aufzubauen. Verbinden Sie dies mit einem Übungsprogramm, das sich auf Schnelligkeit, Kraft und Beweglichkeit konzentriert. Legen Sie behutsam Gewicht zu und trainieren Sie. Übermäßiges Gewicht auf einem leichteren Knochenbau wird Ihre Knie, Hüften und Knöchel dauerhaft schädigen. Schwimmen und Übungen im Wasser helfen, in einem schonenden Umfeld Fitness und Kraft aufzubauen. Heben Sie regelmäßig Gewichte und bestreiten Sie hin und wieder einen Kampf.

3. Der *basho* – Turnierzeit

Sumo-Turniere heißen *bashos* und erstrecken sich normalerweise über einen 15-Tage-Zyklus. Jeder Ringer tritt
einmal am Tag an, es sei denn, er ist verletzt und kann
nicht mehr weitermachen.

Wenn Sie den *dohyo* für den Kampf betreten, spannen Sie Ihre Muskeln an und stampfen Sie mit den
Füßen auf, wobei Sie jedes Bein so hoch heben, wie Sie
können, und dann fest aufsetzen (dieses Ritual dient
gleichermaßen der Dehnung Ihrer Muskeln wie der Ein-
schüchterung Ihres Gegners). Spülen Sie sich daraufhin
den Mund aus (der *rishiki*, der nach Ihnen an der Reihe
ist, reicht Ihnen eine mit Wasser gefüllte Schöpfkelle),
und wischen Sie sich die Lippen mit einem *chikara gami*
(einem speziellen Papierhandtuch) ab. Dieses Ritual
dient der spirituellen Reinigung.

Verziehen Sie keine Miene – lächeln Sie nicht und
deuten Sie auch sonst keinerlei Gefühlsregung an.

Wenden Sie sich von Ihrer Ecke aus dem Ring zu
und werfen Sie Ihr *shiko* in die Mitte. Der Wurf sollte
schwungvoll, hoch und hart sein, sinnbildlich für Ihre
Geschmeidigkeit und Kraft. Manche Ringer legen einen
Hauch von Extravaganz in Ihren Wurf, was viele Fans
lieben.

Psychologische Kriegführung ist ein wichtiger Be-
standteil des *sumo* und jeder Ringer geht unterschiedlich
an die Sache heran. Einige ziehen es vor, sich vollkommen konzentriert und stoisch zu geben, als wäre Ihr
Gegner ein kleines Hindernis, das es beiseite zu schieben
gelte. Andere nutzen das Werfen des Salzes, um anzuge-
ben und ihr Gegenüber einzuschüchtern. Die aggressivs-
ten Ringer halten, wenn sie ihr Salz geworfen haben,
einen Moment lang inne und sehen den anderen *rishiki*

kurz und durchdringend an. Ein langes, unverwandtes Starren beim Sumo grenzt an Beschimpfung.

Was Sie selbst in dieser Situation tun, hängt ganz von Ihnen und Ihrer Persönlichkeit ab.

Nöhern Sie sich Ihrer Linie im Dahn, *gehen Sie in die Hocke und stützen Sie sich an der Linie mit den Fäusten ab. Blicken Sie Ihrem Gegner ständig in die Augen.*

4. *Shikiri*

Nähern Sie sich Ihrer Linie im *dohyo*. Starren Sie den anderen Ringer weiterhin an und gehen Sie in die Hocke, wobei Sie sich vorbeugen und mit den Fäusten abstützen. Dieser Vorgang ist das *shikiri*. Beim Vorbeugen fixieren Sie unablässig Ihren Gegner und beobachten seine Hände und Augen. Sie müssen entscheiden, ob Sie anfangen oder nicht, indem Sie Körpersprache und Ausdruck des anderen einschätzen. Beide *rishiki* müssen bereit sein. Wenn weder Sie noch der andere Ringer den Augenblick des Beginns für gekommen halten, gehen Sie zurück in Ihre Ecke, werfen mehr Salz in den Ring und nehmen erneut Ihre Position ein. Je nachdem, in welcher Liga Sie ringen, darf dieser Kreislauf pro Kampf drei bis vier Minuten dauern.

Wenn Sie so weit sind, holen Sie tief Luft und brechen im *tachi-ai* (dem ersten explosiven Vorstoß) aus Ihrer Linie hervor. Schätzen Sie Ihre Zeit sorgfältig ein und achten Sie auf Ihr Gleichgewicht und Ihre Schnelligkeit. Ein zu schneller *tachi-ai* gegen einen kleineren, schnelleren Ringer gibt diesem die Möglichkeit, auszuweichen oder Sie zu überspringen.

Wichtige Anmerkung: Atemkontrolle ist entscheidend. Sie sollten in der Lage sein, den Kampf zu beenden, ohne ein zweites Mal Luft zu holen. Andernfalls verlieren Sie unweigerlich an Kraft.

Die erfolgreichsten Sumo-Techniken sind *yorikiri*, das frontale Hinausdrängen, und *oshidashi*, das frontale Hinausschieben. Beim *yorikiri* packen Sie den anderen Ringer an seinem *mawashi* und heben ihn aus dem Ring. Bevorzugen Sie *oshidashi*, schieben Sie ihn mit Ihrer Masse und Schnelligkeit aus dem Kreis. Ist Ihr Gegner Ihnen gewichtsmäßig überlegen, versuchen Sie auszuweichen oder ihn zu überspringen. Wenden Sie nicht immer dieselben Techniken an, damit Sie für Ihren Gegner nicht berechenbar werden.

Sobald Sie Ihren Griff angebracht haben, drücken und schieben Sie ununterbrochen. Lassen Sie nicht los und zwingen Sie den anderen Ringer aus dem *dohyo* oder von seinen Füßen. Hören Sie erst auf, wenn Ihr Gegner am Boden liegt.

6. Anstand und Haltung
Lächeln oder jubeln Sie beim Gewinn Ihres Kampfes

nicht. Alle übertriebenen Zurschaustellungen werden
von den Fans mit Stirnrunzeln quittiert. Helfen Sie
stattdessen Ihrem Gegner auf, wenn es angebracht ist,
nehmen Sie Ihren Sieg mit Anstand hin und ziehen Sie
sich in den Umkleideraum zurück

Fangen Sie das Ungeheuer von Loch Ness

Was Sie unbedingt brauchen

- Sporttaucherausrüstung mit Nitrox-Atemgasen
- Unterwasser-Kommunikationssystem für Sporttaucher
- Sicherheitsgurte/Jonlines (Seilschlaufen, die an dem Unterwasser-Abstiegsseil festgemacht werden, das Sie am Davontreiben hindert)
- Ein Tauch-Begleitboot
- Einen Trawler mit Netzen und Winden
- Ein großes Käfigbecken
- Sechs Kajütboote, jeweils ausgestattet mit einem hochauflösenden (Side-Scan-)Sonar und kompletter Unterwasservideokamera-Ausrüstung für schlechte Lichtverhältnisse; mieten Sie die Boote am besten über einen Makler in Inverness, Schottland.
- Unterwasserlampen; erhältlich bei jedem Taucher-shop
- Eine Unterwasserharpune und mehrere hundert Kubikzentimeter Ketamin-Konzentrat (ein Beruhigungsmittel, von dem man weiß, dass es auf die Nervensysteme von Reptilien wirkt)
- Einen Sender, ebenfalls an einer Harpune angebracht
- Einen Meeresbiologen; für eine Empfehlung wenden Sie sich an die Universität von Edinburgh.

- Einen Großtierveterinär (am besten einen, der über Erfahrung mit großen Meerestieren verfügt)
- Chum – eine Mischung aus Tier- oder Fischblut und Eingeweiden
- Lebende Köder

Erforderliche Zeit

Planen Sie zwei bis drei Wochen Vorbereitungszeit ein und bis zu fünf Tagen für das Aufspüren und Fangen.

Hintergrund

Loch Ness ist ein lang gezogener Süßwassersee, gelegen zwischen den schottischen Highlands und dem von den Highlandern mit einem Hauch von Geringschätzung so genannten »Süden«. Entstanden ist der See an einer tiefen Stelle, die sich durch das Zusammentreffen von Verwerfungslinien und Gletschern gebildet hat. Das daraus resultierende Gewässer ist über 200 Meter tief, kalt und hat die Färbung von sehr starkem Earl-Grey-Tee.

Das Ungeheuer von Loch Ness, »Nessie«, wird seit Jahrhunderten gesichtet und mit Fotografien »dokumentiert«, die umstritten bleiben. Angesichts der Aussagen über Größe, Form und Verhalten des Ungeheuers unterstellen viele Experten, dass Nessie, wenn es denn existiert, wahrscheinlich ein Plesiosaurier ist, ein uraltes Meerestier, das bis zu 15 Meter lang werden konnte und von dem man annimmt, dass es vor etwa 65 Millionen Jahren ausgestorben ist.

Nessies Existenz zu belegen ist problematisch, da

handfeste Beweise fehlen. Einige Wissenschaftler sind die Nessie-Frage von einem sehr einfachen Standpunkt aus angegangen – der Ernährung. Ein Tier von der annähernden Größe eines Plesiosauriers hätte einen gewaltigen Appetit. Wie viele schottische Seen ist auch Loch Ness ein besonders dürftiges Gewässer, und Untersuchungen haben ergeben, dass es im See nicht genügend Nahrung gibt, um eine gesunde Fortpflanzungspopulation von Plesiosauriern zu unterhalten. Selbstverständlich ist es trotzdem gut möglich, dass es Nessie tatsächlich gibt.

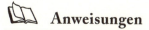 Anweisungen

1. Üben Sie sich in Geduld

Ihr Operationsplan ist unkompliziert. Finden Sie Nessie, dann betäuben und fangen Sie es.

Angeblich gesichtet wurde Nessie überall um den See herum, und natürlich ist keine der Sichtungen verlässlich. Am besten nehmen Sie Nessies Fressbedürfnis als Ausgangspunkt und arbeiten am nordöstlichen Ende des Sees in der Nähe des Dorfes Lochend, wo Studien eine ergiebigere und gesündere Nahrungskette belegen. Wie man beim Jagen von Wild seiner Beute sinnvollerweise an einem Wasserloch auflauert, sollte man auf Nessie an einer Stelle warten, an der es höchstwahrscheinlich auftauchen wird. Seien Sie sehr geduldig.

2. Ankern Sie und machen Sie die Ausrüstung bereit

Ankern Sie mit Ihrem Tauch-Begleitboot in einer Wassertiefe von ungefähr 50 Metern. Das Boot sollte eine beschwerte Leine auf eine Tiefe von 25 Metern herablassen. Dies ist der Ort, an dem Sie und die anderen Taucher arbeiten werden. Lassen Sie die Kajütboote in 400 Metern Entfernung vom Tauch-Begleitboot einen Kreis bilden, wobei die Abstände zwischen den Booten möglichst gleich sein sollten. Jedes Boot sollte seine Unterwasserkamera und sein Sonar in einer Tiefe von 25 Metern und vom Kreis abgewandt einsetzen.

Zudem sollte eine Kamera in 15 Metern Tiefe direkt unterhalb Ihrer Warteposition hängen, eine weitere in Ihrer direkten Umgebung.

Fangen Sie nun an, die Fischabfälle ins Wasser zu lassen.

3. Machen Sie sich bereit und steigen Sie ins Wasser

Sie und die anderen Taucher sollten jetzt Ihre Ausrüstung anlegen und dabei vor allem nicht vergessen, nochmals das Nitrox-Gasgemisch zu überprüfen. Nitrox hat einen höheren Sauerstoff- und geringeren Stickstoffanteil als Pressluft, so dass Sie länger in der Tiefe bleiben können, ohne beim Auftauchen Dekompressionsstopps zu müssen. Ein falsches Stickstoff-Sauerstoff-Verhältnis in Ihren Flaschen kann allerdings zu gefährlichen Situationen einschließlich tödlicher Sauerstoff-Vergiftung führen.

Sobald Sie alles doppelt überprüft haben, steigen Sie ins Wasser und gehen am Abstiegsseil entlang auf 25 Meter Tiefe. Haken Sie sich mit Ihrem Sicherheitsgurt an dem Seil fest.

Die Kajütboote werden optisch und akustisch überwachen, ob Nessie sich nähert. Sobald sie das berühmte Ungeheuer mit dem Sonar entdeckt haben, geben sie sowohl Richtung und Tiefe, aus der sich Nessie nähert, als auch ihre Geschwindigkeit an Sie weiter. Nun können Sie sich auf Nessie zubewegen und dabei die Unterwasser-Scheinwerfer einschalten. Die Scheinwerfer haben einen doppelten Vorteil: Zum einen helfen Sie Ihnen, in dem ansonsten trüben Gewässern etwas zu sehen, zum anderen erschwert der auf das Ungeheuer gerichtete Lichtkegel es jenem, Sie zu sehen. Zudem wird das Licht Nessie zu Ihrem Standort locken.

Vergessen Sie nicht, die Harpunen zu entsichern.

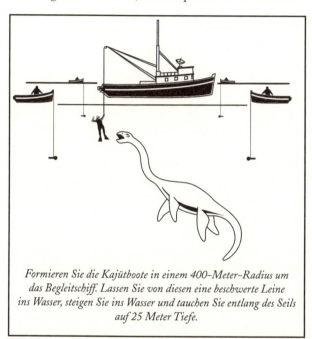

Formieren Sie die Kajütboote in einem 400-Meter-Radius um das Begleitschiff. Lassen Sie von diesen eine beschwerte Leine ins Wasser, steigen Sie ins Wasser und tauchen Sie entlang des Seils auf 25 Meter Tiefe.

4. Setzen Sie Nessie außer Gefecht und holen Sie es mit dem Netz hoch

Wenn Nessie bis auf fünf Meter herangekommen ist, feuern Sie sowohl die Beruhigungspfeile als auch den Sender darauf ab. Zielen Sie dabei auf den Unterleib, da

Reptilienhaut in diesem Bereich des Körpers normalerweise dünner und leichter zu durchdringen ist. Angesichts der geschätzten Größe von Nessie − es wiegt ungefähr fünf Tonnen − werden Sie das Ungeheuer nicht vollständig betäuben können. Doch sollten die Pfeile es erheblich langsamer machen. Verlässt Nessie das eingegrenzte Gebiet, können Sie es mit Hilfe des Sendersignals verfolgen.

Tauchen Sie langsam auf (nicht mehr als 10 m pro Minute). Halten Sie sich dabei an alle erforderlichen Dekompressionsstopps.

Melden Sie dem Tauch-Begleitboot den Erfolg und sorgen Sie dafür, dass die Kajütboote und der Trawler sich an Nessies Fersen heften. Wenn es langsam genug geworden ist, werden die Leute auf dem Trawler ein Fangnetz einsetzen und es hochziehen. Alles muss schnell gehen. Wie viele Meerestiere, die Luft atmen, kann Nessie wahrscheinlich eine gewisse Zeit ohnmächtig unter Wasser überleben, aber vermutlich nicht länger als fünf bis zehn Minuten.

Sobald Nessie an Bord gehievt ist, lassen Sie es von dem Veterinärarzt und dem Meeresbiologen untersuchen, bevor Sie es in das Käfigbecken bugsieren. Bestimmt wollen Sie nicht als derjenige in die Geschichte eingehen, der das Ungeheuer von Loch Ness gefangen und *getötet* hat.

5. Schalten Sie die Presse ein

Lassen Sie Ihren Presseagenten Kontakt mit wichtigen Nachrichtenredaktionen wie der *New York Times, CNN* oder *60 Minutes* aufnehmen, damit das Bieten für die Exklusivstory und -interviews beginnen kann. Das Mindestangebot sollte eine siebenstellige Dollarsumme umfassen.

Durchqueren Sie die Niagarafälle in einem Fass

Was Sie unbedingt brauchen

- Ein Fass
- Schutzkleidung, einschließlich Knie- und Ellenbogenschoner
- Helm; ein Kletter- oder Footballhelm mit Gesichtsschutz wird gute Dienste leisten.
- Mundschutz (abgebrochene Zähne sind kein Spaß und ruinieren die Fotos nach dem erfolgreich bestandenen Abenteuer)
- Handy oder Funkgerät mit vollen Batterien bzw. Akkus
- Wichtige Telefonnummern vor Ort – Wetterinformationen: 9 05-6 88-18 27; Greater Niagara Falls Hospital: 905-358-0171
- Eine Flasche guten Champagner und Waterford-Kristallgläser (nehmen Sie aber beides nicht mit ins Fass)
- Ein Tieflader mit einem Kran von mittlerer Tragkraft
- Drei bis fünf Freunde
- Medienleute und/oder sonst jemanden, der weiß, wie man gute Fotos macht
- Geld für eine Kaution

🐧 Erforderliche Zeit

Die Gesamtzeit hängt davon ab, wie schnell Sie zu Ihrem Fass kommen. Lassen Sie vom Zuwasserlassen des Fasses bis zum Start höchstens 15 Minuten verstreichen (jede Minute länger erhöht die Wahrscheinlichkeit, dass die Behörden einschreiten und Ihnen einen Strich durch die Rechnung machen) und vom Start bis zur Bergung 60 bis 90 Minuten.

 ## Hintergrund

Die Niagarafälle sind eigentlich zwei Wasserfälle – die *Horseshoe Falls* auf der kanadischen Seite und die *American Falls* auf US-Seite. Die Horseshoe-Fälle stürzen fast 60 Meter tief in das Maid-of-the-Mist-Becken. Die amerikanischen Fälle stürzen zwar nur zwischen 24 und 37 Meter tief, dafür aber trifft das Wasser auf Felsen. Die beste Zeit, die Fälle zu befahren, ist das späte Frühjahr oder der Sommer, da sie dann am meisten Wasser mitführen; bei zu wenig Wasser laufen Sie Gefahr, an einem der vielen Felsen hängen zu bleiben, die den Grund des Flusses übersäen.

Den ersten dokumentierten und erfolgreichen Ausflug über die Fälle schaffte im Oktober 1901 eine Frau, Annie Taylor. Ihr Fass war aus Holz, entsprach aber nicht der herkömmlichen Vorstellung eines Wein- oder Bierfasses. Seitdem waren die meisten Fässer Spezialanfertigungen verschiedenster Art, von einem aus zwei Boilern zusammengebauten Behältnis bis hin zu einer modifizierten Tauchglocke.

Entscheidend ist, dass Sie weit genug fallen, um die

Felsen zu verfehlen. Man wird Ihnen verzeihen, wenn Ihr »Fass« in etwa einem Gefährt ähnelt, das für den sicheren Transport von rohen Eiern durch einen Hurrikan konstruiert wurde.

Anweisungen

1. Bauen Sie ein gutes Fass

Bevor Sie den Versuch machen, die Fälle zu befahren, brauchen Sie ein Fass, das die schweren Stöße aushalten kann, denen es sowohl während der Fahrt hinauf zu den Fällen als auch beim Abwurf ausgesetzt sein wird. Zudem muss es so gebaut sein, dass es Ihr Leben und Wohlbefinden schützt. Ein solches Fass können Sie nirgends kaufen, also ist *Do it yourself* der richtige Weg.

Ein gutes Fass muss folgende Kriterien erfüllen:
- Bauen Sie es aus verstärktem Stahl von 4,76 Millimeter (3/16 Inch) Dicke; es muss wasserdicht sein und eine Zugangsluke haben. Die Luke sollte den wasserdichten Türen auf Schiffen nachempfunden sein, mit einer Gummidichtung zwischen den aufeinander treffenden Flächen von Luke und Fass. Die Luke sollte mit vier bis sechs Riegeln fixiert werden, die bei Stößen nicht aufspringen, sich aber im Notfall leicht öffnen lassen. Vor allem darf die Luke nicht mehr als 20 Kilogramm wiegen, das Maximum dessen, was die meisten Menschen mit einem Arm heben können (damit Sie auch noch hinausgelangen, wenn Sie sich unterwegs einen Arm oder das Schlüsselbein brechen).
- Das Fass sollte einen ungefähren Durchmesser von 1,20 bis 1,50 Meter haben, 2,40 bis 4,80 Meter lang

sein und abgerundete Kanten haben, damit es nicht so leicht an Felsen hängen bleibt. Das fertige Produkt wird einem überdimensionalen Stahlbierfass ähneln.

- Ausreichend Ballast und ein Kiel helfen, das Fass während der Zufahrt auf die Fälle und nach der Landung zu stabilisieren. Der Kiel sollte etwa 8 Zentimeter tief sein. Der Ballast sollte aus Neoprensäcken, gefüllt mit Bleikugeln (wie sie in Schrotpatronenhülsen verwendet werden), bestehen, die im Innern des Fasses über dem Kiel befestigt werden. 150 Kilogramm Ballast sind mehr als ausreichend.
- Bauen Sie ein oder mehrere widerstandsfähige, mindestens 2,5 Zentimeter dicke Sichtfenster ein. Sie sollten aus Plexiglas sein und mit wasserdichtem Abdichtmaterial verfugt werden, um Lecks zu verhindern.
- Eine Steuerungsvorrichtung ist optional.
- Sie benötigen einen Sauerstoffvorrat für 90 bis 120 Minuten. Dazu können Sie ein oder zwei Sauerstoffflaschen verwenden, wie sie von Sporttauchern benutzt werden (am besten 2,26-m^2-Hochdruck-Modelle, komprimiert auf 3000 psi), und einen Tauchregulator. Vergewissern Sie sich, dass die Flaschen gesichert und gut gepolstert sind.
- Alles im Fass Befindliche sollte gesichert und festgezurrt sein.
- Polstern Sie Ihr Fass innen mit weichem Schaumstoff, der mit Nylonriemen oder Gaffatape an seinem Platz gehalten wird. Achten Sie insbesondere an allen scharfen Ecken und Kanten genau auf eine gute Polsterung.
- Besorgen Sie ein 5 Zentimeter breites Nylongurtband, mit dem Sie sich anschnallen können.

Den Bau des Fasses kann eine Schweißer- und Maschinen-werkstatt übernehmen. Sie besorgt sämtlichen Stahl und alles Zubehör, um den Sauerstoffvorrat müssen Sie sich selbst kümmern.

Sobald das Fass fertig ist, unterziehen Sie es unbe-dingt einem unbemannten Test. Viele der früheren Fäs-ser wogen mehr als 500 Kilo. Schon ein kleines Leck bringt ein derart gewichtiges Fass zum Sinken.

2. Start

Transportieren Sie das Fass so unauffällig wie möglich in den Bereich der Whirlpool Bridge. Bei einem Laster mit abnehmbaren Seitenwänden ist das Fass vor neugierigen Blicken geschützt. Bei einer offenen Ladefläche be-decken Sie das Fass mit einer Plane. Setzen Sie den Kran ein, um sich und das Fass so schnell wie möglich in den Fluß hinunterzulassen. Sobald Sie im Wasser sind, wird es schwierig sein, Sie aufzuhalten. Ab da besteht die einzige Gefahr darin, wegen zu geringer Wasser-menge an einem Felsen hängen zu bleiben oder in die Böschung gedrückt zu werden, weil Sie die falsche Strö-mung erwischt haben.

3. Dichtmachen und Festhalten

Sobald Sie sicher sind, dass Sie sich den Fällen nähern, schließen und verriegeln Sie die Luke. Schalten Sie so-fort Ihre Luftzufuhr ein und sichern Sie sich mit Hilfe der Haltegurte. Schützen Sie auf jeden Fall Ihre Wirbel-säule gegen die zu erwartenden Stöße, indem Sie unter gar keinen Umständen einen krummen Rücken machen. Bleiben Sie ruhig und locker.

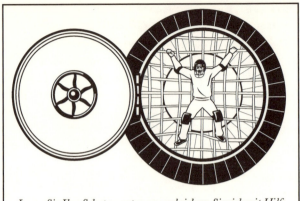

*Legen Sie Ihre Schutzmontur an und sichern Sie sich mit Hilfe
der Haltegurte. Halten Sie den Rücken gerade.*

4. Ab geht's

Sie werden merken, wenn Sie über den Rand hinaus sind.
Das Geräusch der Fälle wird ohrenbetäubend sein, das
Fass wird etwa drei Sekunden lang fallen und dabei viel-
leicht ins Trudeln geraten. Wenn es unten in dem Becken
landet, wird es vielleicht komplett untertauchen, je nach
Gewicht des Fasses. Eine ernsthafte Beschädigung oder
ein Leck einmal ausgenommen, werden Sie mitsamt dem
Fass sehr rasch wieder an die Oberfläche schnellen.

Sobald Sie in dem Becken aufgeschlagen sind, rufen
Sie Ihre Ufer-Crew und setzen Sie sie davon in Kenntnis,
dass Sie am Leben und wohlauf sind. Warten Sie mindes-
tens fünf Minuten, bevor Sie die Luke öffnen, damit das
Fass von den Fällen wegtreiben kann. Andernfalls werden
Sie das Fass fluten und untergehen.

Warten Sie darauf, dass die Behörden oder ansässige Bootsfahrer Sie rausholen; natürlich können Sie auch
warten, bis das Fass von alleine strandet.

5. Feiern Sie, dass Sie noch leben

Klettern Sie aus dem Fass. Nehmen Sie von einem Ihrer Helfer die Flasche eisgekühlten Champagner entgegen und schütteln Sie sie kräftig. Bespritzen Sie zur Feier, dass Sie noch am Leben sind, jeden im Umkreis von fünf Metern.

Stellen Sie sich den Behörden.

Siegen Sie bei einem Tjost

Was Sie unbedingt brauchen

- Eine Rüstung
- Ein kräftiges Streitross. Rassen wie Clydesdale sind gut geeignet, um die zusätzliche Last Ihrer Rüstung zu tagen. Sparen Sie nicht am Pferd. Auch Ihr Reittier muss durch eine Rüstung geschützt werden
- Einen Turniersattel. Ein solcher Sattel hat einen bis zu 30 Zentimeter hohen Cantle (Rückenteil), um zu verhindern, dass Sie rückwärts vom Pferd gestoßen werden.
- Mehrere Lanzen mit Krönchenspitze. Das meist kugelförmige Krönchen besteht im Grunde aus drei Spitzen, um die Wirkung des Aufpralls zu verteilen und so die Verletzungsgefahr zu mindern. Die Lanzen sollten aus Hartholz und drei bis vier Meter lang sein, je nach Ihrer eigenen Körperkraft und -größe
- Optional: Schwert oder andere Handwaffen und Schild. Sollten Sie an anderen Wettkämpfen teilnehmen oder sich abgeworfen zu Fuß verteidigen müssen, brauchen sie unbedingt ein Schwert. Die Chancen stehen allerdings schlecht für Sie, wenn Sie zu Fuß mit einem Ritter zu Pferde kämpfen
- Einen Schildknappen und einen zusätzlichen Diener, die beim Ankleiden, beim Satteln Ihres Pferdes und beim Ordnen von Ausrüstung und Waffen helfen

Wichtige Anmerkung: Viele der Gegenstände, die Sie benötigen, sind nicht überall erhältlich. Rüstung und Waffen sollten Sie unbedingt maßanfertigen lassen. Um einen Waffenschmied aufzutreiben, setzen Sie sich mit einer örtlichen Organisation für mittelalterliche Ritterspiele und -turniere in Verbindung.

 ## Erforderliche Zeit

Planen Sie für die Vorbereitung eine Stunde ein, für den Tjost zehn Minuten.

 ## Hintergrund

Der Tjost – auch Lanzenstechen genannt – wurde im mittelalterlichen Europa als eine Möglichkeit eingeführt, die Kunst des edlen Wettstreits an einem relativ sicheren Austragungsort zu praktizieren. Diese Tjoste waren bei den meisten Waffenturnieren jener Zeit der Hauptwettbewerb und erforderten zwei gerüstete Ritter zu Pferde, die entlang einer Holz- oder Leinwandbarriere (der so genannten Pallia) aufeinander losgingen. Beide Ritter hielten Lanzen mit stumpfen Spitzen, die den anderen vom Pferd werfen sollten, ohne ihn zu töten.

 ## Anweisungen

1. Kleiden Sie sich ein

Besorgen Sie sich eine Rüstung. Eine Rüstung für den Tjost unterscheidet sich erheblich von der in einem echten Kampf verwendeten Rüstung. Sie ist hoch spezialisiert, um den besonderen Erfordernissen des Wettkampfs entgegenzukommen. Beispielsweise sollte Ihre Rüstung für das Lanzenstechen gewölbt und auf der linken Seite (die am stärksten den Lanzenstößen ausgesetzt sein wird) schwerer sein als auf der rechten, zudem sollte sie innen gut gepolstert sein, um Verletzungen auf ein Mindestmaß zu beschränken und den Aufprall abzufedern. Ein Schild kann seperat in der linken Hand gehalten oder in die linke Seite der Rüstung eingearbeitet werden. Bei der Rüstung sollte mindestens Walzstahl der Stärke 12 verwendet werden. Tragen Sie unter gar keinen Umständen ein Kettenhemd. Die Spitze der Lanze Ihres Gegners wird sich unweigerlich in seinen Maschen verfangen und üble Verletzungen verursachen. Die Polsterung kann durch eine Innenverkleidung der Rüstung oder ein unter der Rüstung getragenes Kleidungsstück gewährleistet werden. Ausreichend sind zwei Zentimeter schwere Baumwollwatte in Segeltuch

Vergewissern Sie sich, dass möglichst alle Öffnungen oder sonstige Stellen, an denen sich die Spitze einer Lanze verfangen könnte, so klein wie möglich oder mit einer Lage Rüstung bedeckt sind, von der die Spitze abprallt. Die Sehschlitze an Ihrem Helm müssen sehr schmal sein; die Verbindungsstellen Ihrer Rüstung an Schultern, Ellenbogen, Hals und Oberschenkeln sollten mit gewölbten Platten verkleidet sein, die die Lanzenspitze abprallen oder abrutschen lassen.

Überzeugen Sie sich, dass Ihre Rüstung gut poliert und eingefettet ist und frei von Rost oder Kratzern. Auf Ihrem Schild sollte Ihr Wappen oder Symbol prangen.

Legen Sie die Rüstung an und überprüfen Sie sie

auf Sitz und Bewegungsfreiheit. Quietschende Verbindungsstellen und Scharniere können mit einem leichten
Öl eingefettet werden.

2. Sitzen Sie auf

Eine Tjost-Rüstung wiegt 25 Kilogramm oder mehr. Sie
ist nicht so schwer wie eine Rüstung für die Schlacht,
doch sollten Sie eine Trittleiter benutzen und/oder die
Hilfestellung Ihres Knappen in Anspruch nehmen. Vergewissern Sie sich, dass Ihre Füße sicher in den Steig-
bügeln des Sattels sitzen, und nehmen sie die Flanken
des Pferdes fest zwischen die Knie.

Nehmen Sie von Ihrem Knappen die Lanze entgegen und halten Sie sie aufrecht in der rechten Hand.

Danken Sie dem Knappen.

*Nehmen Sie von Ihrem
Knappen die Lanze
entgegen und halten Sie
sie aufrecht in der
rechten Hand.*

3. Erwerben Sie eine Gunst

Suchen Sie sich eine attraktive Dame von edler Geburt,
am besten eine, von der Sie sich wünschen, dass sie Ihnen

gegenüber positive Gefühle hegt. Fragen Sie sie, ob Sie Ihnen ihre Gunst schenken mag. Wenn sie einwilligt, wird sie Ihnen einen Schal oder irgendeinen anderen Gegenstand, vermutlich aus Stoff, zum Geschenk machen, den Sie bei Ihrem Tjost tragen können. Indem Sie sie um Ihre Gunst gebeten und sie angenommen haben, sind Sie ihr Turnierkämpfer geworden. Nun sollten Sie erst recht nicht verlieren, es sei denn, Sie wollen, dass die Dame Ihrer Wahl gedemütigt wird. Tragen Sie den Gunstbeweis fest und deutlich sichtbar um Ihren Oberarm.

4. Technischer K.o.

Sobald das Zeichen gegeben wird, reiten Sie scharf an der Pallia entlang. Konzentrieren Sie sich nicht darauf, Ihr Pferd zu lenken, da es gut ausgebildet ist und der Barriere folgen wird, die Sie von Ihrem Widersacher trennt. Geben Sie dem Pferd, soweit es angebracht ist, die Sporen und richten Sie Ihre Aufmerksamkeit auf Ihren Gegner.

Beugen Sie sich nach vorn (dadurch werden Sie nicht so leicht abgeworfen und Sie haben zudem eine bessere Sicht durch die Augenschlitze in Ihrem Helm). Halten Sie die Lanze aufrecht.

Reiten Sie schwungvoll die Barriere entlang. Beugen Sie sich vor. Lassen Sie die Lanze im letztmöglichen Moment sinken.

Im letztmöglichen Moment senken Sie die Lanze und neigen sie leicht über den Hals Ihres Pferdes nach links, so dass sich die Spitze auf der anderen Seite der Pallia befindet. Betten Sie den Schaft der Lanze in die rechte Armbeuge. Zielen Sie auf die Brust Ihres Gegners, die das größte Ziel und daher am leichtesten zu treffen ist. Auf seinen Helm zu zielen, erfordert nicht nur größeres Geschick und Glück, sondern führt auch mit größerer Wahrscheinlichkeit zu einer schweren Verletzung oder gar zum Tod.

Seien Sie auf den Aufprall vorbereitet. Ob Sie ihn treffen oder Ihr Gegner Sie (oder Sie beide sich gegenseitig), es wird ein gehöriger Stoß sein, wenn die kugelförmige Lanzenspitze auftrifft. Lehnen Sie sich bei dem Aufprall nach hinten gegen das Rückenteil Ihres Sattels. So ist es weniger wahrscheinlich, dass Sie aus dem Sattel gestoßen werden.

Zielen Sie auf Brust, Schild oder Helm Ihres Gegners.

5. Wiederholen Sie nach Bedarf
Reiten Sie so lange weiter gegen den anderen Ritter an, bis eines der folgenden Dinge passiert:

- Ihr Gegner wird aus dem Sattel geworfen.
- Sie haben drei Lanzen zerbrochen.
- Ihr Gegner wird getötet oder so schwer verletzt, dass er nicht mehr weiterkämpfen kann.
- Ihr Gegner gibt auf (seien Sie in dem Fall bereit, seine Demütigung huldvoll anzuerkennen).

Wenn es Ihnen gelingt, Ihren Gegner aus dem Sattel zu heben, verwirkt er Pferd und Rüstung, es sei denn, er ist in der Lage, mit Schwert und Schild zu Fuß weiterzukämpfen. Dies empfiehlt sich nicht, kann aber vorkommen. Wenn dieser Fall eintritt, reiten Sie auf Ihren Gegner zu, wie Sie es beim Tjost tun würden.

Löschen Sie eine brennende Ölquelle

Was Sie unbedingt brauchen

- Einen so genannten Athey Wagon – ein roboterge-steuertes Fahrzeug mit einem Leiterbaum, konzipiert, um Sprengstoff direkt über das Bohrloch zu halten
- 100 kg achtzigprozentiges Dynamit
- Mehrere Hochdruckwasserschläuche
- Wasserpumpen mit einer Kapazität von 30 000 bis 60 000 Litern Wasser pro Minute und eine entspre-chende Versorgung mit Süß- oder Salzwasser, wo-bei an Land Süßwasser zu bevorzugen ist
- Zwei Baumwoll-Overalls
- Eine Sturmhaube plus Stahlhelm
- Ohrhörer
- Brandsalbe
- Seife, Wasser und ein Handtuch

 Erforderliche Zeit

Drei oder vier Tage, abhängig von den Aufräumarbeiten an Quelle und Bohrturm

 Hintergrund

Ölquellenbrände gehören zu den Risiken der Erdölindustrie. Quellen zu Wasser und zu Lande sind aus zahlreichen Gründen explosionsgefährdet, weshalb alles daran gesetzt wird, solche Feuer zu vermeiden. Ein brennender Bohrturm ist sehr gefährlich und verursacht erhebliche ökologische und ökonomische Schäden.

Anweisungen

1. Wählen Sie die leichte Lösung

Das Feuer einer brennenden Ölquelle ist groß, laut und Furcht erregend, aber es ist trotzdem bloß ein Feuer. Und wie bei jedem Feuer gelten bestimmte Grundregeln:

• Feuer braucht Brennstoff, um nicht auszugehen.
• Es muss heiß genug bleiben.
• Es benötigt Sauerstoff.

Machen Sie nicht den Fehler, fotogene Apparate wie auf Panzerfahrgestelle montierte Düsenturbinen zu benutzen – das sieht zwar gut aus, ist aber ausgesprochen unhandlich und von zweifelhafter Wirksamkeit – oder sofort mit einer Sprengladung auf den Rachen des Feuers loszugehen. Versuchen Sie es zuerst mit den einfachen Lösungen.

Erkunden Sie als Erstes, ob es möglich ist, das Öl abzustellen. Wenn das Kontrollventil bei der anfänglichen Detonation nicht zerstört oder vom Feuer durchgeschmort wurde, legen Sie einen schützenden Sprühregen aus Wasser auf die Quelle, um sich zu Fuß nähern und das Ventil schließen zu können.

Sollte das Ventil zerstört worden sein, schließen Sie Ihre Pumpen an eine große Wasserquelle an und beginnen Sie das Feuer mit einem Schlauch abzuspritzen. Neunzig Prozent der Ölfeuer in Kuwait wurden auf diese Weise gelöscht. Das Wasser kühlt das Öl auf eine Temperatur herunter, die unter seinem Entzündungspunkt liegt, und drückt den Ölstrahl vom Feuer weg. Durch das Absenken der Temperatur und dem Trennen der Flamme vom Brennstoff erlischt das Feuer.

Wenn eine dieser Lösungen funktioniert, erübrigt sich Anweisung 3. Machen Sie weiter mit 2, 4 und 5.

2. Aufräumen und begradigen

Der Bereich um den Bohrturm wird ein heilloses Durcheinander sein. Je nachdem, wie gewaltig die Explosion war, die das Feuer entfacht hat, werden in der Nähe des Turms Rohrleitungen, Verstrebungen und anderes Material eingestürzt sein, was sowohl den Zugang als auch die Reparatur erschwert. Eventuell hat das Feuer das Ventil zum Schmelzen gebracht, sollte es nicht schon bei der Explosion zerstört worden sein. Zudem wird das brennende Öl den Bohrturm mit einem dicken, schwarzen Schmierfilm, auch Koks genannt, überzogen haben. Zu guter Letzt hat die Detonation die Leitung vielleicht derart verbogen, dass das Öl nicht mehr senkrecht in die Höhe schießt.

All diese Zustände müssen Sie korrigieren.

Beseitigen Sie das Durcheinander um den Bohrturm herum. Ziehen Sie größere lose Trümmerteile mit Trossen und schwerem Gerät weg, für die Feinarbeit jedoch, vor allem für die Reinigung der Rohre von dem Schmierfilm, müssen Sie nah an den Bohrturm heran gehen. Wenn das Feuer noch brennen sollte oder mit einem Wiederaufflammen des Feuers zu rechnen ist: Schlüpfen Sie dafür in zwei Baumwoll-Overalls (im Gegensatz zu vielen synthetischen Geweben brennt oder schmilzt Baumwolle nicht) und tragen Sie eine Sturmhaube unter Ihrem Stahlhelm. Ein Augenschutz in Form einer Schutzbrille ist ebenfalls empfehlenswert. Während Sie sich dem Bohrturm nähern, lassen Sie sich von einem Löschschlauch bespritzen. Sehen Sie zu, dass Sie nicht von der vollen Wucht des Wasserstrahls getroffen werden. Dies ist der schmutzigste und erscheckendste Teil der Arbeit, aber die Methode ist sicher und effizient.

> **Wichtige Anmerkung:** Wenn Sie das Feuer wie unter 1 beschrieben gelöscht haben, empfiehlt es sich, den ganzen Bereich mit Wasser zu besprühen, um die Wahrscheinlichkeit zu verringern, dass das Feuer erneut entfacht wird.

Beseitigen Sie den Schmierfilm mit Handwerkzeugen und schaffen Sie alle restlichen Trümmerteile beiseite. Unter Umständen reicht dies schon aus, um den Ölfluss zu begradigen. Wenn nicht, müssen Sie den verbogenen Leitungsabschnitt herausschneiden. Verwenden Sie dafür einen Hochdruck-Wasserschneider. Nehmen Sie keine Sägen oder andere Werkzeuge, die wahrscheinlich Funken schlagen.

Diese Arbeitsphase ist beendet, wenn die Ölfontäne wieder senkrecht nach oben steigt und der Bohrturm ausreichend gesäubert wurde, dass ein neues Ventil angebracht werden kann.

3. Bringen Sie den Sprengstoff an
Im Gegensatz zu dem, was mancher Laie behauptet, verbrauchen Sie, wenn Sie einen Ölbrand mittels Sprengstoff löschen, nicht den gesamten Sauerstoff ringsum. In

Tragen Sie zwei Baumwoll-Overalls übereinander sowie eine Sturmhaube, wenn Sie sich dem Feuer nähern. Lassen Sie sich von einem Teammitglied von hinten mit Wasser besprengen, um Verbrennungen vorzubeugen.

Wirklichkeit nutzen Sie die Detonation, um das Feuer vom Öl zu trennen. Die Explosion entzieht dem Feuer kurzzeitig den Sauerstoff und unterbindet gleichzeitig den Nachschub aus dem Bohrloch, wodurch das Feuer erlischt.

Dahinter steckt derselbe Gedanke wie beim Ausblasen von Geburtstagskerzen. Ein an der richtigen Stelle eingesetzter Windstoß löscht fast jedes Feuer.

Befestigen Sie 100 kg 80prozentiges Dynamit (eine spezielle Dynamitsorte mit etwa 80 Prozent der Pro-Pfund-Stärke von herkömmlichem TNT) am Ende des

Auslegers Ihres Athey-Wagons und schwenken Sie die Sprengladung in den Ölstrahl über dem Bohrturm. Richten Sie gleichzeitig die Hochdruckschläuche auf den Turm, da der Wasserstrahl alles abkühlt und so die Trennung des Öls vom Feuer unterstützt.

Zünden Sie den Sprengstoff. Nach der Detonation ist das Feuer in jedem Fall erloschen.

4. Machen Sie dicht

Beseitigen Sie die restlichen Unebenheiten an der Rohr-leitung und installieren Sie ein neues Kontrollventil. Das Ventil sollte geöffnet sein, bis es fest eingebaut ist, damit der Öldruck es nicht vom Ende der Leitung bläst. So-lange Sie an dem Ventil arbeiten, sollten Sie Werkzeuge verwenden, die keine Funken schlagen. Sobald das neue Ventil mit Bolzen an der richtigen Stelle verschraubt ist und fest sitzt, schließen Sie es.

5. Reinigen Sie sich gründlich

Duschen Sie und benutzen Sie jede Menge Bimsstein-seife. Behandeln Sie alle Brandwunden mit Brandsalbe, es sei denn, es handelt sich um Verbrennungen zweiten Grades oder schlimmer. In einem solchen Fall sollten Sie unbedingt einen Arzt aufsuchen.

Seilen Sie sich vom Eiffelturm ab

Was Sie unbedingt brauchen

- Zwei mal 300 Meter Kernmantelseil von 11 Millimeter Durchmesser. Dieses dynamische, elastische Seil empfiehlt sich deshalb, weil die Elastizität bei Belastungen gegen zu starke Erschütterungen wirkt
- Ein strapazierfähiges Klettergeschirr mit doppelter Seilsicherung (auch als Sitzgeschirr bekannt)
- Eine Absturzsicherung aus 5-Millimeter-Kernmantelseil, zu einer 1,20-Meter-Schlinge gebunden
- Ein Dutzend Stahlkarabiner
- Flache Eiswürfelschalen – diese dienen als reibungsarme Plastikführung, die Ihr Seil schützt, wenn es über scharfe Kanten läuft
- Polsterung aus Segeltuch
- Kletterhelm mit Kinnriemen
- Sonnenbrille
- Leder- oder Kevlarhandschuhe (damit das Seil nicht an den Fingern brennt)
- Eine Abseilwinde mit fünf Aluminiumstangen – eine Vorrichtung, um für den Abstieg Reibung an dem Seil herzustellen, indem das Seil zwischen den in einem Rahmen übereinander steckenden Metallstangen hindurchgeführt wird)
- Mehrere unscheinbare Rucksäcke, wie sie beispielsweise von finanzschwachen Reisenden benutzt werden

- Mehrere unscheinbare, finanzschwach aussehende Freunde, die die Rucksäcke schleppen (mindestens fünf)
- Rückflugtickets nach Paris

Erforderliche Zeit

Planen Sie eine Stunde für den Aufstieg, dreißig Minuten für die Startvorbereitungen und etwa zehn Minuten für den Abstieg ein.

Hintergrund

Der Eiffelturm ist etwa 324 Meter hoch, doch die obere Plattform (von der aus Sie sich abseilen werden) liegt in 276 Metern Höhe. Von der Spitze bis zum zweiten Deck geht es relativ senkrecht bergab, von dort an spreizen sich die vier Beine des Turms deutlich nach außen. In gewisser Hinsicht macht dies das Abseilen leichter.

Sie sollten vorab ausgiebig den Turm erkunden, vor allem die obere Plattform. Sie brauchen ein gutes, solides bauliches Element wie einen Holm oder Träger, an dem Sie Ihr Seil festmachen können. Es ist ratsam, sich sowohl darum als auch um die Planung und Organisation zu kümmern, bevor Sie mit Ihrem ganzen Equipment den Turm besteigen.

Anweisungen

1. Begeben Sie sich Zum Ort des Geschehens

Steigen Sie zur Spitze des Turms. Damit das Personal sich nicht wundert, warum Sie eine Kletterausrüstung mit hochschleppen, sollten Sie die Ausrüstung unbedingt auf zwei bis vier rucksacktragende Freunde verteilen, die sich einzeln oder zu zweit auf der oberen Plattform sammeln. Sorgen Sie dafür, dass sie sich unters Touristenvolk mischen. Benutzen Sie für den Aufstieg die Fahrstühle, es sei denn, Sie haben sehr kräftige Beine – bis zur Spitze sind es 1792 Stufen.

Sie selbst müssen Ihr Klettergeschirr tragen und den größten Teil Ihrer persönlichen Ausrüstung griff- und einsatzbereit arrangiert haben, bevor Sie den Turm erreichen. Das spart Zeit. Verbergen Sie die Sachen unter einem ausgebeulten Mantel oder einem weiten Hemd, das Sie leger über den Hosenbund hängen lassen.

2. Sorgen Sie für Ablenkung

Bevor Sie das Seil anbringen, lassen Sie einen oder mehrere Ihrer Komplizen für laute, johlende und äußerst störende Ablenkung sorgen. Die Vortäuschung zum Beispiel eines Ohnmachtsanfalls wäre eine Möglichkeit, sofern die Sache mindestens eine Viertelstunde lang die Aufmerksamkeit der Leute auf sich zieht.

Ihre restlichen Helfer – diejenigen, die nicht »ohnmächtig« sind – werden bis auf einen den Auftrag haben, zwischen Ihnen und dem Turmpersonal zu stehen, um den Blick auf Sie zu versperren, während Sie die Seilbefestigung montieren.

3. Befestigen Sie das Seil

Das verbleibende Teammitglied wird Ihnen beim Montieren und vor allem bei der Sicherung des Abstiegsseils zur Hand gehen. Umwickeln Sie den Träger an der Stelle, an der sie das Seil drumwickeln, mit der Segeltuchpolsterung, damit das Seil an den Ecken und scharfen Kanten nicht durchgescheuert wird. Selbst eine relativ stumpfe Kante könnte das Seil beschädigen.

Bringen Sie dort, wo die Seile über das Geländer laufen, die Eiswürfelschalen an. Sie müssen sie nicht übertrieben fest knoten, da die Spannung in den Seilen sie an ihrem Platz hält. Befestigen Sie das Hauptabstiegsseil und das Sicherungsseil mit einem Zuganker an zwei unterschiedlichen Teilen des Bauwerks.

Befestigen Sie das Abstiegsseil mit einem Zuganker an einem tragenden Element auf der oberen Plattform. Umwickeln Sie das Trägerelement mit Segeltuch.

4. Seilen Sie sich an

Führen Sie das Seil vorschriftsmäßig durch Ihre Abseilwinde und bringen Sie anschließend Ihre Absturzsicherung unmittelbar unterhalb der Winde an.

5. Sicherheitskontrolle

Bevor Sie übers Geländer steigen, sollte einer aus Ihrer Crew, am besten der erfahrenste Kletterer, überprüfen, ob auch alle Schnallen und sämtliches Geschirr »gesichert« sind: Alle Koppelgurte, von denen Ihr Leben abhängt, sollten durch die Schnallen noch einmal in umgekehrter Richtung festgezurrt werden; bei den Karabinern müssen die Schieber geschlossen und *verriegelt* sein; die Abseilwinde muss richtig zusammengebaut und angebracht sein. Zuletzt sollte die Absturzsicherung überprüft werden. Sobald Sie startklar sind, ziehen Sie Ihre Handschuhe an und begeben sich über den Rand des Geländers.

Ihre Hilfscrew sollte sich jetzt zerstreuen und zusehen, dass sie vom Turm herunterkommt, um unten zu warten. Einer aus dem Team winkt am besten schon mal ein Taxi heran, mit der Anweisung, noch auf einen Fahrgast zu warten. Außerdem sollten alle Ihr Seil im Auge behalten und darauf achten, dass sich niemand daran zu schaffen macht.

6. Leine los

Lassen Sie sich langsam an dem Seil hinunter, spreizen Sie dabei die Füße auf Schulterbreite auseinander. Widerstehen Sie dem Drang, zu springen oder sich fallen zu lassen. Das wird nur in Actionfilmen so gemacht und ist keineswegs die angemessene Abseilmethode. »Laufen« Sie den Turm hinunter, indem Sie beim Abseilen mit Hilfe der Windestangen die Reibung und damit den Seillauf regulieren. Sollten Sie den Eindruck haben, zu ruckartig abzusteigen, entfernen Sie eine der Stangen aus der Winde.

Mit etwas Glück wird niemand Sie bemerken, bis es

zu spät ist. Das Überraschungsmoment ist Ihr Verbündeter, aber trödeln Sie nicht herum, indem Sie ausgiebig
den Blick genießen oder mit Touristen plaudern, wenn
Sie an den unteren Aussichtsplattformen vorbeikommen.

7. Nichts wie Weg

Sobald Sie unten angekommen sind, machen Sie sich so
schnell wie möglich von dem Seil los. Seile und Ausrüstung sollten Sie am Turm zurücklassen – als Preis für das
einmalige Erlebnis. Rennen Sie zum Taxi, springen Sie
hinein und lassen Sie sich zum Flughafen fahren.

Versenken Sie ein U-Boot

Was Sie unbedingt brauchen

- Eine Anti-U-Boot-Fregatte der Oliver-Hazard-Perry-Klasse (FFG-7) oder einen Zerstörer der Arleigh-Burke-Klasse; arrangieren Sie den Kauf direkt über das US-Verteidigungsministerium.
- Rang eines Befehlshabers in der US-Navy oder der Naval Reserve
- Einen oder zwei leichte Mehrzweck-Transporthubschrauber vom Typ SH-60F Seahawk mit Tauchsonar
- Ein Flugzeug vom Typ P-3C Orion
- Eine Anti-U-Boot-Rakete (ASROC; Antisubmarine Rocket), bestückt mit Mark-46-Torpedo-Sprengköpfen
- Sonarbojen
- Eine Menge Freunde

 Erforderliche Zeit

Planen Sie zwei bis drei Stunden ein.

 Hintergrund

Die U-Boot-Bekämpfung (ASW; Antisubmarine Warfare) zählt zu den schwierigsten und komplexesten Bereichen des Seekrieges. Während des Ersten Weltkrieges blieben die ersten Versuche, die Raubzüge von U-Booten zu stoppen, die Hilfskonvois nach Europa angriffen, größtenteils erfolglos. Im Zweiten Weltkrieg stieg die Erfolgsrate aufgrund von Unterwasser-Ortungsgeräten merklich, wenngleich die U-Boote zunächst wegen der begrenzten Verfügbarkeit dieser Geräte noch immer deutlich im Vorteil waren. Gegen Ende des Krieges hatte sich das Blatt gewendet und die U-Boote waren stark gefährdet. Wissenschaftler entwickelten effektivere Systeme zur Verfolgung von U-Booten, zudem wurden die gegen sie eingesetzten Waffen deutlich verbessert. Als Folge davon hatten die deutschen U-Boot-Besatzungen von allen Waffengattungen der Wehrmacht prozentual die höchsten Verluste zu verzeichnen – was zeigt, wie gut sich U-Boote inzwischen aufspüren und versenken ließen und dass es zudem kaum Chancen gibt, aus einem gesunkenen U-Boot zu entkommen.

Als Reaktion auf die schweren Verluste, die der Handelsschiffahrt und den Seestreitkräften während der Weltkriege zugefügt wurden, gewann die U-Boot-Kriegführung erheblich an Bedeutung. Entscheidend waren hier die Fortschritte bei den akustischen Unterwasser-Ortungssystemen, bekannt als SONAR (*Sound Navigation and Ranging*), obwohl inzwischen Technologien unter Verwendung modernster Laser entwickelt werden, mit denen sich Bilder im Wasser erzeugen lassen. Noch immer ist das SONAR das gebräuchlichste Ortungsgerät. Seit seiner Erfindung vor beinahe einem Jahrhundert ist es stetig verbessert worden, und so ist die U-Boot-Bekämpfung in Kombination mit »intelligenten« Waffen, die Ziele unabhängig suchen können, modernem Schiffsbau sowie jahrelanger Praxis nicht nur eine hohe, sondern auch eine tödliche Kunst.

Heutzutage wird die U-Boot-Bekämpfung von U-Booten für schnelle Angriffe ausgeführt, die gegen Über- und Unterseefahrzeuge gleichermaßen erfolgreich sind. Doch wird im hier erdachten Szenario eine traditionellere Vorgehensweise unter Einsatz eines Zerstöreres oder einer Fregatte vorgeschlagen – in Abstimmung mit luftgestützten U-Boot-Ortungssystemen.

 Anweisungen

---

1. Sammeln Sie Ihre Mannschaft und bestätigen Sie Ihre Befehle

Laut einer Quelle im Pentagon funktioniert die U-Boot-Bekämpfung nur in Teamarbeit. Deshalb brauchen Sie mehrere Freunde, die Ihnen helfen.

Zu Ihrem Teamt muss sowohl eine qualifizierte Besatzung für Ihre Fregatte oder Ihren Zerstörer als auch Flugpersonal für die Seahawks oder die Orion gehören. Sobald alle an Bord sind, begeben Sie sich in Ihr Zielgebiet, um nach dem U-Boot zu suchen.

Es ist unbedingt erforderlich, dass zwischen Ihnen und dem Staat, dem das zu versenkende U-Boot gehört, Kriegszustand herrscht. Ersatzweise vergewissern Sie sich, dass Sie die Genehmigung haben, alle nicht identifizierten U-Boote in Ihrem Gebiet anzugreifen. Sollte eine dieser Voraussetzungen nicht erfüllt sein, landen Sie womöglich vor dem Kriegsgericht oder wandern ins Gefängnis.

2. Spüren Sie ein U-Boot auf

Bevor Sie ein U-Boot versenken können, müssen Sie eins finden. Heutzuage ist das kein Pappenstiel. Die neueste U-Boot-Generation bewegt sich so leise, dass sie im Hintergrundlärm des Ozeans ein »Loch« bilden. Genau das kann sie aber auch verraten. Mit all den natürlichen und künstlich erzeugten Geräuschen sind die Meere ein ausgesprochen lauter Ort. Daher lässt sich ein U-Boot oft dadurch aufspüren, dass man auf dem Sonarschirm nach einer Zone intensiver Stille sucht.

Sobald Sie in Ihrer Zone ein feindliches U-Boot entdeckt zu haben meinen U-Boot, setzen Sie zunächst die Mehrzweckhubschrauber und die Orion ein. Diese sollten die Suche mit Hilfe eines passiven Sonars beginnen, indem sie in einem festen Muster entweder an bestimmten Punkten das Tauchsonar einsetzen (von den Seahwaks aus) oder schwimmende Sonarbojen abwerfen (von der Orion aus). Wenn ein Helikopter bzw. das Flugzeug Informationen aufschnappen, werden die Daten verschlüsselt per Funk zur Kampfinformationszentrale (CIC; Combat Information Center) auf Ihrem Schiff übertragen, wo Ihr taktischer Offizier sie analysieren und gegebenenfalls den Angriff koordinieren kann.

Wenn ein schnelles Angriffs-U-Boot wie die Boote der amerikanisches Los-Angeles-Klasse oder das russische Alpha ein feindliches U-Boot verfolgt, geschieht dies gewöhnlich mit passivem Sonar – durch Horchen auf Geräusche beziehungsweise auf fehlende Geräusche. In manchen Fällen kann man auch *aktives* Sonar benutzen: Man sendet unter Wasser Schallwellen aus und horcht, ob sie von irgendetwas reflektiert werden. Diese direkte Methode führt meist schneller zum Ziel, hat aber den entscheidenden Nachteil, dass Sie das feindliche Schiff auf Ihre eigene Position aufmerksam machen. Daher wird aktives Sonar eher beim Angriff als bei der Suche eingesetzt.

3. Identifizieren Sie Ihr Ziel

Vergleichen Sie den Schall-«Fußabdruck» des Ziel-U-Bootes mit Aufnahmen bekannter U-Boote und U-Boot-Klassen. Schiffe, U-Boote und Flugzeuge der Marine haben (ebenso wie andere nachrichtendienstliche Quellen) im Laufe der Jahre ein ganzes Archiv von Fußabdrücken verbündeter und gegnerischer U-Boote erstellt, mit dessen Hilfe einzelne Boote identifiziert werden können. Indem Sie die Geräusche des von Ihnen verfolgten U-Bootes mit den archivierten Geräuschen vergleichen, können Sie erkunden, mit wem Sie es zu tun haben, und gegebenenfalls verhindern, dass Sie ein befreundetes Schiff angreifen.

4. Nehmen Sie die Verfolgung auf

Lassen Sie Ihr Schiff Kurs auf Ihr Ziel nehmen, schalten Sie bei Bedarf auf aktives Sonar um, um die genaue Position zu bestimmen, und geben Sie die Koordinaten in die Angriffscomputer Ihrer Waffensysteme ein.

Sobald Ihr Angriff läuft, hat das attackierte U-Boot mehrere Optionen. Als Erstes ändert es vielleicht Tiefe und Kurs. Unterschiede in Wassertemperatur und -dichte können das Sonar ablenken. Wenn das U-Boot Ihnen eine Stirnseite zuwendet (Bug oder Heck statt einer Breitseite), bietet es der Sonarwelle eine viel kleinere Angriffsfläche, was Verfolgung und Inszielnehmen erschwert. Außerdem wird das U-Boot das Tempo drosseln oder seine Maschinen sogar stoppen, um den Lärm auf ein Mindestmaß zu reduzieren.

5. Feuern Sie eines oder mehrere Torpedos ab

Beginnen Sie Ihren Angriff mit einer ASROC, einer senkrecht startenden Rakete. Programmieren Sie die

ASROC-Feuersysteme anhand der Angriffskoordinaten und schießen Sie den ersten Flugkörper ab. Der Raketenmotor wird den Sprengkopf in die nähere Umgebung des U-Bootes befördern und ihn an einem Fallschirm sanft ins Meer sinken lassen. Sobald der Sprengkopf im Wasser ist, löst sich der Fallschirm und die ASROC setzt ihre Waffe ein, einen Mark-46-Torpedo.

Der Mark-46-Torpedo verwendet aktives Sonar, um das U-Boot anzuvisieren. Sofort nach der Ortung stürzt er mit hoher Geschwindigkeit auf sein Ziel zu, wobei er gegebenenfalls auch abbiegt, um dem U-Boot zu folgen. Wenn möglich versenkt er das U-Boot, indem er unmittelbar an dessen Rumpf explodiert; in diesem Fall führt ein Riss im Rumpf zur Flutung und zur ernsthaften Beschädigung, wenn nicht gar zum Sinken. Verfehlt der Torpedo das Boot, kann auch eine Explosion in unmittelbarer Nähe des U-Bootes eine Überdrucksituation verursachen, die das Boot beschädigt oder den Druckrumpf aufplatzen lässt und so das U-Boot flutet. Allerdings sind in diesem Fall eventuell mehrere Torpedos erforderlich, um das U-Boot zu versenken.

Sobald der Torpedo das U-Boot ausgemacht hat, wird dieses mit Ausweichmanövern bei hoher Geschwindigkeit reagieren. Außerdem wird das U-Boot Täuschkörper aussenden, Krachmacher, die das eigene Geräusch nachahmen und mehr Lärm veranstalten als das U-Boot selbst. Falls der Torpedo die Täuschkörper verfolgt, wird das U-Boot gleichzeitig Kurs und Tiefe ändern, um es den Leitsystemen des Torpedos zu erschweren, sich wieder an ihr richtiges Ziel zu heften. Feuern Sie in diesem Fall zusätzliche Torpedos ab.

Machen Sie sich darauf gefasst, dass der Kapitän des U-Bootes seinerseits versuchen wird, Torpedos auf Ihr

Sobald Sie das U-Boot aufgespürt haben, geben Sie seine Kursdaten in das Feuersystem ein und schießen Sie eine Rakete ab. Die senkrecht stehende Rakete wird von einem Fallschirm gebremst ins Wasser gleiten, den Fallschirm selbst ablösen und dem U-Boot nachjagen.

Schiff abzufeuern, mit dem Zweck, es zu versenken. Achten Sie genau auf das Sonar und seien Sie bereit, Ihr eigenes Ausweichmanöver einzuleiten und Täuschkörper auszusetzen.

6. Wiederholen Sie bei Bedarf die Schritte 2 bis 5

Fällen Sie einen 60 Meter hohen Mammutbaum

Was Sie unbedingt brauchen

- Mehrere Zweimannzugsägen unterschiedlicher Länge; einige kanadische und US-amerikanische Firmen stellen sie her; suchen Sie im Internet nach Händlern.
- Äxte, gut geschärft, am besten von einer Firma für Holzfällerbedarf
- Zwanzig Sprungbretter; Sie können sie selbst herstellen oder von einem Antiquitätenhändler kaufen.
- Kerosin oder ein ähnliches Lösungsmittel
- Einen riesigen Mammutbaum (Sequoia)
- Zwei 15 cm lange Stahlstifte
- Zwei 18 Millimeter dicke und 1,20 Meter lange Seilstücke
- Lederhandschuhe
- Schutzhelme
- Augenschutz (Brille oder anerkannte Sicherheitsgläser)
- Wasser
- Einen sehr kräftigen Freund mit sehr kräftigem Oberkörper

 Erforderliche Zeit

Planen Sie drei bis vier Tage ein.

Die riesigen Mammutbäume zählen zu den größten und eindrucksvollsten lebenden Organismen auf diesem Planeten. Kein heute zu Lande oder im Wasser lebendes Tier reicht auch nur annähernd an die Größe dieser Bäume heran. Obwohl es eine Baumart gibt, die einen größeren Durchmesser erreicht, und drei Arten, die höher wachsen, kann es in der Kombination von Höhe und Umfang keine von ihnen mit dem Mammutbaum aufnehmen. Der größte bekannte Baum innerhalb dieser Spezies, der »General Sherman«, wie er mit Spitznamen heißt, wiegt schätzungsweise 2 500 Tonnen, ist gut 80 Meter hoch und hat an seinem Fuß einen Umfang von über 30 Metern. Allein die Rindenschicht kann gut 60 Zentimeter dick sein. Mammutbäume wachsen ständig, wobei ihr jährlicher Holzzuwachs dem einer 20-Meter-Tanne entspricht. Außerdem sind sie zäh und widerstehen von Natur aus Fäulnis und Verfall. Manche noch heute existierende Sägemehlhaufen stammen von Bäumen, die vor über hundert Jahren gefällt wurden.

Sequoias sind relativ wählerische Bäume, ihr Verbreitungsgebiet beschränkt sich auf die westlichen Hänge der Sierra Nevada, normalerweise auf Höhen zwischen 1600 und knapp 2 500 Metern über dem Meeresspiegel. Überdies findet man die meisten wegen verstärkten Artenschutzes auf staatlichem Grund und Boden. Dies macht die Sache komplizierter, denn Sie müssen einen der wenigen noch auf Privatland stehenden Bäume auftreiben und seinen Kauf aushandeln, bevor Sie ihn fällen dürfen. Jeder Versuch, einen der Bäume auf staatlichem Grund und Boden zu fällen, endet unweigerlich hinter Gittern.

1. Schätzen Sie die Lage ein

Sobald Sie einen Baum gefunden haben, den Sie käuflich erwerben können, handeln Sie den Preis aus. Machen Sie sich darauf gefasst, bis zu 100 000 Euro zu zahlen. Lassen Sie einen Vertrag aufsetzen und vergewissern Sie sich, dass Sie einen gesetzlichen Anspruch auf den Baum haben und nicht für etwaige Schäden an umliegenden Bäumen oder Gebäuden haftbar sind.

Sobald Sie den Vertrag in Händen halten, können Sie die Lage peilen und den Einschlag planen. Einen Mammutbaum zu fällen ist ein größeres Unterfangen, kein Vergleich zum Gestrüpplichten in Ihrem Garten.

Angesichts der Größe und des Gewichts eines Sequoia müssen Einschlag und Fallrichtung genauestens geplant werden. Betrachten Sie den Baum aus allen Winkeln und berücksichtigen Sie eine eventuelle Neigung ebenso wie die Windverhältnisse während des Fällens. Windstärken über fünf Knoten machen das Fällen unberechenbar und gefährlich, vor allem, wenn der Mammutbaum nicht von anderen Bäumen umgeben oder durch das Gelände geschützt ist. Setzen Sie sich mit den örtlichen Meteorologen in Verbindung und warten Sie eine windarme oder windstille Periode von drei bis fünf Tagen ab.

Schreiten Sie den Bereich um den Baum ab, um festzustellen, in welche Richtung Sie ihn fallen lassen können, ohne den Baum selber oder angrenzende Bäume zu beschädigen. Denken Sie auch daran, dass er für Sie zugänglich sein muss, sobald er unten liegt.

2. Errichten Sie eine Plattform

Derart kräftige Bäume fällt man nicht unten am Fuß. Damit der Umfang des Baumes überhaupt zu bewältigen ist, müssen Sie sich in fünf Meter Höhe begeben. Dies bewerkstelligen Sie mit Hilfe von Sprungbrettern – langen Holzbrettern, die breit und stark genug sind, dass eine Person darauf arbeiten kann, mit Stahlspitzen, die sich in das Holz des Baumes bohren. Schlagen Sie mit einer Axt Kerben in die Rinde und setzen Sie dann die Sprungbretter ein, wobei Sie jedes Brett als Arbeitsplattform benutzen, um auf die nächste Höhe zu gelangen. Irgendwann erreichen Sie die von Ihnen ausgesuchte Fällhöhe. Bringen Sie dort mehrere Sprungbretter an, damit Sie eine breitere, bequemere Plattform haben, von der aus Sie arbeiten können.

Ihr Freund sollte dasselbe auf der Ihnen gegenüber liegenden Seite des Baumes tun.

Bringen Sie dort, wo Sie und Ihr Partner stehen werden, die zwei Seile an. Zurren Sie die Seile an Stahlhaken fest, die Sie vorher unterhalb der Sägelinie in die Rinde treiben.

3. Schlagen Sie eine Kerbe

Nehmen Sie Ihre Äxte und schlagen Sie dort, wo der Baum in Fallrichtung zeigt, eine Kerbe in den Stamm. Die Kerbentiefe sollte ungefähr ein Viertel bis ein Drittel des Baumdurchmessers ausmachen. Kerben Sie den Baum zu weit ein, könnte er vorzeitig fallen und auf der gegenüberliegenden Seite splittern und beschädigt werden, was auf Kosten des verkäuflichen Holzes ginge.

Bringen Sie nun auf der der Kerbe gegenüberliegenden Seite eine weitere Sprungbrettplattform an. Versuchen Sie niemals, die Zugsäge direkt in der großen Kerbe anzusetzen – der Baum wird das Sägeblatt einklemmen. Schlagen Sie als Ansatzpunkt für Ihre Säge auf der gegenüberliegenden Seite (wo sich auch Ihre neue Arbeitsplattform befindet) eine zweite, kleinere Kerbe und fangen Sie dort an zu sägen. Solange das zu sägende Holz noch nicht sehr breit ist, können Sie einen »Fuchsschwanz« benutzen (eine Einmannsäge, die vorne stumpf ist). Wechseln Sie sich beim Sägen mit Ihrem Freund ab.

Hauen Sie mit einer Axt eine Kerbe in den Stamm. Bringen Sie in dieser Kerbe ein Sprungbrett als Arbeitsplattform an. Hauen Sie von dort aus die nächst höhere Kerbe in den Stamm, in der Sie ein weiteres Sprungbrett anbringen, bis Sie die Position erreicht haben, von der aus Sie die Fällung des Baumes vornehmen möchten.

Sobald Sie tiefer als drei Meter ins Holz eingedrungen sind, werden Sie eine Zweimannsäge brauchen. Beginnen Sie mit einer kürzeren Säge, etwa fünf Meter lang, entsprechend der Holztiefe und der beim Ziehen zum Vorschein kommenden Stück Sägeblatt. Der Holz-durchmesser wird bis auf zwölf Meter zunehmen, was das Bewegen der Säge enorm erschwert. Zur Entlastung können Sie mit einer kleineren Zweimannsäge weiter-machen. Setzen Sie die Säge an der linken Seite Ihres ursprünglichen Einschlages an und sägen Sie dort eine Stunde lang; wechseln Sie anschließend zur rechten Seite und machen dort eine Stunde lang dasselbe. Sobald Sie so viel wie möglich mit den kürzeren Sägen fertig gesägt haben, benutzen Sie die größeren Sägen.

Legen Sie in regelmäßigen Abständen eine Pause ein und träufeln Kerosin auf das Sägeblatt. Das löst den angesammelten Saft und verhindert das Verkleben des Sägeblattes.

Denken Sie daran, dass Sie von einer Sprungbrett-plattform aus arbeiten: Achten Sie darauf, wo Sie hintreten.

4. Sägen Sie weiter
Wenn Sie sich mit der Säge der Mitte des Stamms nähern, wird das Gewicht des Baumes ihn allmählich auf die andere Seite in Richtung große Kerbe ziehen. Sägen Sie weiter, bis sich auf Ihrer Seite ein merklicher, 30 bis 40 Zentimeter breiter Spalt zu öffnen beginnt. Hier ist nun Ihr Urteilsvermögen gefragt: Öffnet der Spalt sich langsam, können Sie weitersägen; tut der Spalt sich ab-rupt auf, wird es höchste Zeit, das Sprungbrett zu ver-lassen. Es empfiehlt sich, vor dem Mammutbaumsägen an kleineren Bäumen zu üben, um Erfahrung beim Ein-schätzen dieser Situation zu sammeln.

5. Springen Sie
Wegen seiner Größe wird sich der Sequoia, sobald er zu kippen beginnt, stetig in Richtung der ersten Kerbe nei-

gen. Steigen Sie jetzt von der Plattform herunter, um nicht von dem Stamm getroffen zu werden, falls er seitlich oder gar nach hinten wegrutscht. Verlassen Sie die Plattform nicht mit der Säge in den Händen oder nahe am Körper. Lassen Sie sich an den zuvor angebrachten Seilen am Stamm hinunter und bewegen Sie sich dann zügig vom Baum weg. Macht der Sequoia Anstalten, schnell zu kippen, peilen Sie den Haufen aus Holzspänen und Sägemehl an, der sich am Fuß des Baumes angesammelt haben dürfte, und springen Sie.

6. Säubern Sie den gefällten Stamm

Stutzen Sie den gefällten Baum, indem Sie Äste und Spitze entfernen, die wenig wert sind. Sägen Sie den Stamm anschließend mit der Zugsäge in zu bewältigende Stücke und verladen Sie diese für die Lieferung ans Sägewerk auf LKWs.

Schmuggeln Sie streng geheime Dokumente

Was Sie unbedingt brauchen

- Ein oder mehrere streng geheime Dokumente
- Zwei Pfadfinder, einen von jeder Seite der amerikanisch-kanadischen Grenze
- Einen Komplizen von der anderen Seite der Grenze
- Eine in eine Standbohrmaschine montierte 3-mm-Bohrspitze mit langem Schaft
- Einen Eiszerkleinerer oder ein 30 Zentimeter langes Stück steifen Draht. Von #14 AWG (American Wire Gauge, das Standardmaß für Draht und Kabel), umgerechnet 1,63 Millimeter Durchmesser
- Eine Einladung zu einem Pfadfindertreffen an einer bewachten Grenze
- Eine kleine kanadische Flagge
- Eine Kamera
- Eine Wende-Windjacke
- Latexhandschuhe
- Leichte Handschuhe
- Eine Kappe der Seattle Mariners
- Eine Kappe der Toronto Argonauts
- Zwei Halstücher, ein rotes und ein blaues

✪ Erforderliche Zeit

Eine Stunde Vorbereitung, ein bis zwei Stunden herumhängen und aussehen, als ob Sie dazugehörten, 30 Sekunden für die Übergabe.

 Hintergrund

Die Pfadfinder, amerikanische und andere, blicken auf eine lange Tradition ermutigender Zusammenarbeit und gegenseitigen Verständnisses zurück. Historisch sind sie von je her Förderer internationaler Veranstaltungen gewesen, die verschiedene Pfadfindergruppen aus der ganzen Welt in einer zwanglosen Umgebung zusammenführen.

In jedem Frühjahr versammeln sich die amerikanischen und kanadischen Boy Scouts (zusammen mit den Girl Scouts, Cub Scouts, Sea Scouts, Blue Birds, Brownies etc.) im Grenzgebiet und passieren zwischen White Rock, British Columbia, und Blaine, Washington, die Staatsgrenze. Es finden sich zwischen 4000 und 6000 Pfadfindern samt Familienangehörigen ein, und die Grenze wird für den Fahrzeugverkehr geschlossen, während die Pfadfinder hinübermarschieren, um Einheit und internationale Verständigungsbereitschaft zu signalisieren. Es gibt kaum Kontrollen und keine Schikanen der Grenzpolizei. Während der Überquerung ist es üblich, dass amerikanische und kanadische Pfadfinder Nationalflaggen austauschen.

Anweisungen

1. Verkleinern und verstauen Sie das Dokument

Verkleinern Sie das Originaldokument auf einem handelsüblichen Kopierer auf ein Viertel seiner Originalgröße. Das Papier muss so klein sein, dass es sich fest genug einrollen lässt. Besorgen Sie sich eine kleine kanadische Flagge an einer etwa 20 Zentimeter langen Holzstange von 6 Millimeter Durchmesser. Spannen Sie den Schaft senkrecht in die Standbohrmaschine ein, wobei das Flaggenende nach unten zeigt und das untere Ende sich genau unter der Bohrspitze befindet. Bohren Sie ein 20 cm tiefes Loch in den Schaft. Säubern Sie das Loch von überschüssigem Bohrstaub und stecken Sie das verkleinerte Dokument in die Öffnung; stopfen Sie es mit einem Eiszerkleinerer oder einem Stück steifen Draht so tief wie möglich hinein.

Füllen Sie die Lochöffnung mit einem Gemisch aus Sägemehl und Holzleim. Drehen Sie die Flagge sofort um, so dass sich das gestopfte Ende unten befindet. Lassen Sie die Stelle trocknen und schmirgeln Sie anschließend überschüssigen Leim und Holzreste weg.

Damit Sie keine Fingerabdrücke hinterlassen, müssen Sie beim Hantieren mit Flaggen, Dokumenten und anderen Gegenständen unbedingt Latexhandschuhe tragen. Achten Sie aus demselben Grund bei der Übergabe darauf, die leichten Handschuhe zu tragen. Im Frühjahr ist es in dieser Gegend zum Glück noch recht frisch, so dass die Handschuhe nicht weiter auffallen.

2. Mischen Sie sich unter die Menge

Seien Sie um 10 Uhr morgens auf der kanadischen Seite

der Grenze. Die Überquerung beginnt gegen 13 Uhr, aber je später der Morgen, desto schwieriger ist das Parken, und es ist wichtig, dass Sie rasch zu Ihrem Auto gelangen können.

Schlendern Sie eine Zeitlang mit der Menge herum. Die Hauptaktivitäten vor dem Marsch sind Abzeichen und Pfadfinderzubehör kaufen und tauschen, mit Leuten reden und den Tag genießen. Daran müssen Sie sich unbedingt beteiligen. Tun Sie dies nicht oder machen gar einen nervösen Eindruck, erregen Sie die Aufmerksamkeit der Grenzbeamten, kanadischen Mounties und Vertretern der Washington State Patrol, die überall herumlungern. Das müssen Sie unbedingt vermeiden.

Tragen Sie sich am kanadischen Anmeldetisch ein (er steht im Veranstaltungsgebäude an der Westseite des Parks auf kanadischer Seite). Geben Sie einen falschen Namen und die Nummer einer ostkanadischen Gruppe an. Niemand wird von Ihnen verlangen, sich auszuweisen. Man wird Ihnen einige der kleinen kanadischen Flaggen geben. Eine davon werden Sie durch die von Ihnen präparierte Flagge ersetzen.

Zu der Veranstaltung sollten Sie in der Wende-Jacke (die innen eine andere Farbe hat als außen) und einem langärmeligen Hemd über einem T-Shirt erscheinen. Setzen Sie die Kappe der Toronto Argonauts auf.

3. Machen Sie die Übergabeperson ausfindig

Gegen 12 Uhr 30 mittags werden die Pfadfinder sich zu beiden Seiten der Grenze einander gegenüber in Kolonnen aufstellen. Nehmen Sie das rote Halstuch und binden Sie es sich mit dem spitzen Ende nach hinten um den Hals. Dies ist das Erkennungszeichen für Ihre Kontaktperson. Er oder sie wird das blaue Halstuch genauso tragen.

Um 13 Uhr beginnen die Kolonnen, über die Grenze und durch den Friedensbogen, der die Grenze markiert, zu marschieren.

Übergeben Sie die Flagge nicht, bevor Sie Ihre Kontaktperson ausgemacht haben.

Bohren Sie einen Hohlraum durch den Schaft der Fahnenstange, stopfen Sie die Dokumente dort hinein und verschließen Sie den Schaft mit Hilfe von Sägemehl und Holzleim. Die Pfadfinder werden in an der Grenze die Fahnen austauschen.

4. Vollziehen Sie die Übergabe

Ihre Kontaktperson hat sich auf US-Seite so weit wie möglich am Kolonnenende eingeordnet. Sobald Sie den Friedensbogen passiert haben, bleiben Sie stehen und machen Fotos vom Schauplatz, von den Teilnehmern etc. Das verschafft Ihnen eine perfekte Gelegenheit, die amerikanische Kolonne genauer in Augenschein zu nehmen.

Wenn Sie Ihre Übergabeperson entdecken, stellen Sie Blickkontakt her und marschieren Sie weiter parallel zu Ihrem Pfadfinder auf die amerikanische Seite hinüber. Ihre Kontaktperson sollte Ihrem Pfadfinder eine amerikanische Flagge reichen. Tun Sie dasselbe und geben Sie ihrem Pfadfinder die präparierte kanadische Flagge. Sie und Ihre Kontaktperson sollten den jeweils eigenen Pfadfinder auf den anderen hinweisen und beide zum Flaggentausch ermuntern.

5. Machen Sie einen gleichgültigen Eindruck

Sobald die Übergabe stattgefunden hat, sind Sie frei und ungehindert. Mischen Sie sich unter die Menge, genießen Sie die Lieder, lauschen Sie der Musik, bevor Sie und ihr Pfadfinder sich still und leise entfernen – falls Sie jemand beobachtet, ist ein Besuch der Herrentoilette die richtige Maßnahme. Gehen Sie hinein, waschen Sie sich die Hände und achten Sie darauf, wer nach Ihnen eintritt. Wenn Ihnen niemand bedrohlich vorkommt, begeben Sie sich ohne Unterlass zu Ihrem Wagen und verschwinden Sie vom Gelände. Sollten Sie Grund zu der Annahme haben, dass man Ihnen folgt, kehren Sie stattdessen zurück und mischen sich erneut unter die Menge. Streifen Sie dabei Ihre Windjacke ab und ziehen Sie das langärmelige Hemd aus. Wenden Sie die Windjacke dabei beiläufig von innen nach außen, wobei eine andere Farbe zum Vorschein kommt, und ziehen Sie sie wieder an. Tauschen Sie die Argonauts-Kappe gegen die Kappe der Seattle Mariners.

Verweilen Sie in der Menge und bewegen Sie sich erst zum Parkplatz, wenn sich genug Besucher auf den Heimweg machen, damit Sie nicht auffallen.

Durchschwimmen Sie die Tunnel am Hoover Dam

Was Sie unbedingt brauchen

- Einen für Höhlenexpeditionen geeigneten Helm mit Kinnriemen; benutzen Sie keinen Integralhelm, da er Sie dabei behindert, im Notfall an Ihren Sauerstoffvorrat zu gelangen.
- Einen titanimprägnierten 9-Millimeter-Neopren-Taucheranzug und Handschuhe (erhältlich bei Großhändlern für Sporttauchbedarf und Ausstattern für Wildwasserrafting)
- Knie- und Ellbogenschoner
- Gesichtsmaske (für Sporttaucher; nur Augen und Nase bedeckend)
- Einen Notfall-Sauerstoffvorrat, auch bekannt als Pony Bottle (kleine Druckluftflasche mit eingebautem Mundstück), der an Ihrer Schwimmweste befestigt wird; bringen Sie die Flasche weit genug oben an der Weste an, damit sie jederzeit erreichbar ist.
- 180 Meter 11 Millimeter starkes Seil und eine Abseilwinde (für weitere Informationen hierzu siehe Kapitel »Seilen Sie sich vom Eiffelturm ab«)
- Eine selbstaufblasende Mae-West-Schwimmweste; sollten Sie bei Ihrem örtlichen Geschäft für Sportartikel oder Bootsbedarf keine bekommen, sehen Sie unter dem Sitz eines Verkehrsflugzeuges nach.

Erforderliche Zeit

Planen Sie für das Herrichten der Ausrüstung 30 bis 40 Minuten und für die Spritztour ungefähr 30 bis 60 Sekunden ein.

 Hintergrund

Der Hoover Dam ist etwa eine halbe Autostunde von Las Vegas entfernt. Erbaut im Jahr 1934, um die Gewalt des Colorado River nutzbar zu machen, war er einst der größte und stärkste Damm der Welt. Dies trifft heute nicht mehr zu, dennoch ist der (zwischenzeitlich als Boulder Dam bekannte) Hoover Dam nach wie vor ein eindrucksvolles Bauwerk. Von der Krone des Damms bis zu seinem Fuß mißt er etwa 220 Metern.

Auf der flussaufwärts gelegenen Seite des Damms liegt der Lake Mead. Hier befinden sich zur Linken und Rechten des Damms zwei Überläufe, der Arizona Spillway und der Nevada Spillway. Der Wasserfluss durch diese Überläufe wird von acht Walzenwehren kontrolliert, vier an jedem Überlauf. Die Wehre werden gesenkt oder gehoben, um überschüssiges Wasser im See abzulassen oder um Lieferverpflichtungen flussabwärts nachzukommen.

Jeder Überlauf ist an einen Tunnel von 15 Metern Durchmesser angeschlossen, der in einem scharfen Winkel abfällt, um die alten Umgehungsleitungen abzuschneiden, mit denen bei der Errichtung Wasser um die Damm-Baustelle geleitet wurde. Die flussaufwärts gelegenen Hälften der alten Tunnel wurden vor langer Zeit zugeschüttet, aber die unteren Hälften wurden wieder in

Betrieb genommen und mit den Überläufen verbunden. Sie leeren sich flussabwärts vom Kraftwerk.

Wichtige Anmerkung: Betreten Sie den Damm nicht durch einen der vier Ansaugtürme im Lake Mead. Sie sind durch Schuttsiebe geschützt und speisen die vier Turbinen im Kraftwerk. Jeder Versuch, diesen Weg zu benutzen, führt zum sicheren Tod.

 ## Anweisungen

1. Geben Sie Wasser zu

Der einzig gangbare Weg, den Hoover Dam zu durchqueren, führt durch die Tunnel. Zu diesem Zweck muss ausreichend Wasser durch sie hindurchfließen. Dazu gibt es zwei Möglichkeiten. Warten Sie mit der Durchquerung, bis das Wasser im Lake Mead so hoch steht, dass es in die Überläufe fließt. Sie könnten natürlich regelmäßig vorbeikommen und nachsehen, aber Sie sparen Zeit und Mühe, indem Sie den Pressesprecher des Damms anrufen und ihm erzählen, Sie seien Fotograf und suchten nach einer Möglichkeit, die Überläufe in Aktion abzulichten. Bitten Sie um einen Rückruf, wenn es so weit ist. Natürlich können Sie auch auf eine günstige Zeit mit viel Regen warten.

Wenn Sie keine Geduld haben, eine Trockenperiode herrscht oder der Pressesprecher des Damms sich als unkooperativ erweist, lassen Sie die Walzenwehre am Arizona Spillway öffnen. Am besten bestechen Sie zu diesem Zweck den Angestellten, der die Absperrvorrichtung bedient.

Am flussabwärts gelegenen Ende des Überlaufs, unmittelbar bevor er in den Tunnel mündet, befindet sich ein 12 Meter tiefes Becken, das die Hydrodynamik des Wasserflusses verbessern soll. Aus diesem Becken müssen Sie herauskommen können, was ohne ausreichend Wasser unmöglich ist.

Das Wasser fließt je nach Wasservolumen mit bis zu 193 Stundenkilometern (oder 54 Metern pro Sekunde) durch die Röhre. Der Tunnel ist etwa 670 Meter lang, so dass Sie bei voller Geschwindigkeit in 12,5 Sekunden hindurchschießen. Auch bei geringer Strömung sollte die Gesamtdurchquerung nicht länger als 40 Sekunden dauern. So lange müssen Sie die Luft anhalten können. Üben Sie das und stoppen Sie die Zeit, um sicherzugehen.

Begeben Sie sich an die Ostseite des Damms
in den Arizona-Überlauf.

2. Ab in den Überlauf

Kleiden Sie sich vollständig an, wobei Sie Ihr Abstiegs-seil an einem großen, dicken Felsen in der Nähe des Tunnelausgangs festzurren und verankern. Sollten Sie gezwungen sein, länger als ein paar Minuten darauf zu warten, dass der Wasserstand im Überlauf steigt, bleiben Sie im Schatten und nehmen Sie viel Flüssigkeit zu sich. Andernfalls führt die Wüstensonne in Kombination mit den isolierenden Eigenschaften Ihres Taucheranzugs dazu, dass Sie sich überhitzen und austrocknen.

Sobald der Wasserdurchlass ausreichend ist, werfen Sie das lose Ende Ihres Seils über den Rand des Über-laufs. Vergessen Sie nicht, die Stelle, wo das Seil gegen den Betonrand scheuert, zu polstern.

Wichtige Anmerkung: Versuchen Sie **unter gar keinen Umständen** von der Seeseite her über die Walzen-wehre in den Überlauf zu gelangen. Sie würden sich umbringen oder schwer verletzen.

Seilen Sie sich ab und lassen Sie sich in das Wasser des Überlaufs hinunter.

Wichtige Anmerkung: Vergewissern Sie sich vor dem Abseilen, dass Sie hundertprozentig bereit sind. Ihre gesamte Ausrüstung sollte in Ordnung sein und einwandfrei funktionieren. Sobald Sie im Überlauf sind, bleibt Ihnen keine Zeit mehr, nachträglich etwas zu richten.

3. Füße voraus

Richten Sie sich, während Sie durch den Überlauf schießen, mit dem Gesicht nach oben aus und liegen Sie so gerade wie möglich, mit den Armen an der Seite und den Füßen voran. Wenn Sie seitlich oder in einem scharfen Winkel in den Tunnel gelangen, bieten Sie dem Wasser Ihr Profil, wodurch sie leichter stürzen oder gegen die Wände des Tunnels geschleudert werden können. Jeder Sturz wird Sie schwer verletzen oder töten, und wenn Sie erst einmal ins Stürzen geraten, können Sie sich kaum noch abfangen.

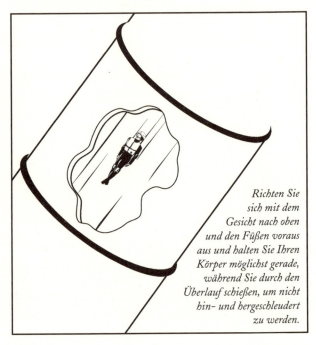

Richten Sie sich mit dem Gesicht nach oben und den Füßen voraus aus und halten Sie Ihren Körper möglichst gerade, während Sie durch den Überlauf schießen, um nicht hin- und hergeschleudert zu werden.

4. Holen Sie tief Luft

Holen Sie mehrmals tief Luft, bevor Sie in den Tunnel gelangen, und halten Sie den letzten Atemzug vor dem Eintauchen an. Sollten Sie in einen langsameren Wasserfluss geraten, benutzen Sie die Pony Bottle, um Ihren Luftvorrat zu ergänzen.

5. Wasserung

Die Röhre spuckt Sie unterhalb des Damms und (noch wichtiger) unterhalb des Kraftwerks und seiner knochenzerschmetternden Turbinen in den Colorado River aus. Blasen Sie die Schwimmweste auf, indem Sie an den entsprechenden Knöpfen ziehen, und schwimmen Sie in Richtung Strand.

Navigieren Sie ein Atom-U-Boot durchs Eis und tauchen Sie am Nordpol auf

Was Sie unbedingt brauchen

- Ein gebrauchtes Angriffs-Atom-U-Boot der SSN-637-Sturgeon-Klasse oder der SSN-688- oder 688i-Los-Angeles-Klasse, jeweils samt Besatzung
- Kernbrennstoff (die Staaten der ehemaligen Sowjetunion bieten sich für den Beginn Ihrer Suche an)
- BQQ-Sonarsystem mit erfahrenem Bediener
- Lange Unterhosen, Winterhose, Pullover, Handschuhe und einen warmen Mantel
- Winterstiefel (US-Army-Ausgabe)
- Schneebrille
- Fernglas
- Gewehr mit Infrarotvisier und Munition
- Flagge – die der USA oder irgendeines Landes Ihrer Wahl; Sie können Ihre eigene Flagge aus »Gründen Sie einen unabhängigen Staat«, S. ⊠, benutzen, falls Sie schon einen gegründet haben.

 Erforderliche Zeit

Für die Fahrt zum Nordpol und wieder zurück in offenes Wasser sollten Sie fünf bis sechs Wochen einplanen

Die Idee, mit einem Atom-U-Boot unter dem Packeis zu operieren, entstand in den Anfangsjahren des Kalten Krieges, als sowohl amerikanische als auch russische Militärplaner mit der Idee experimentierten, mit Raketengeschossen bestückte U-Boote unter dem arktischen Eis zu verstecken, wo sie gleichzeitig näher an ihren Zielen und vor suchenden Angriffs-U-Booten verborgen waren. Damit diese Idee funktionierte, musten U-Boot-Kapitäne lernen, zum Abfeuern der Raketen durchs Eis hindurch aufzutauchen.

Als Erstes müssen Sie ein geeignetes gebrauchtes U-Boot erwerben. Im World Wide Web werden alte russische Diesel-Boote der so genannten Whiskey-Klasse inseriert, aber lassen Sie sich von den scheinbar günstigen Preisen (unter 500 000 Euro) nicht verleiten. Der Umstand, dass dieselbetriebene U-Boote Luft benötigen, macht sie untauglich, denn die Maschinen müssen in regelmäßigen Abständen angeworfen werden, um die für den Antrieb der Steuermotoren im untergetauchten Zustand benötigten Batterien aufzuladen und dazu wiederum muss das U-Boot entweder längere Zeit auftauchen oder einen Schnorchel betreiben, der verbrauchte Luft ausstößt und Frischluft von der Oberfläche aufnimmt. Da jedoch ungewiss ist, wann Sie Zugang zu offenem Wasser oder zu Bereichen mit dünnem Eis (Polynjas) haben werden, die das U-Boot durchdringen kann, ist die Dieselmethode praktisch nicht durchführbar.

Atom-U-Boote sind frei von solchen Einschränkungen, da sie einen geschlossenen Atomreaktor für den Antrieb verwenden. Außerdem können sie Luft und

Trinkwasser herstellen und so lange untergetaucht bleiben, wie die Lebensmittelvorräte reichen. Für einen Unterwasserausflug zum Nordpol ist also ein Atom-U-Boot die einzige Wahl.

Angriffs-U-Boote der SSN-637-Serie können ebenso wie die SSN-688er und die neueren 688ier auf erfolgreiche Packeis-Durchquerungen bei vielen Missionen verweisen, einschließlich des Auftauchens am Pol. Die Techniken für das Navigieren in beengten Räumen wurden auf diesen U-Booten zur hohen Kunst entwickelt. Unterlagen der Navy deuten darauf hin, dass mehrere U-Boote noch immer intakt, aber ungenutzt sind:

SSN 653 Ray
SSN 660 Sandlance
SSN 675 Bluefish
SSN 679 Silverside
SSN 680 Redfish, auch bekannt als William H. Bates
SSN 681 Batfish
SSN 683 Parche (Zur Zeit der Abfassung dieses Buches ist die Parche das einzige aktive Boot dieser Klasse, wird aber in Kürze außer Dienst gestellt)
SSN 686 L. Mendal Rivers
SSN 687 Richard B. Russell

Die Chancen, eines der modernen Angriffsboote der SSN-688- und 688i-Los-Angeles-Klasse zu benutzen, stehen schlecht: Sie befinden sich noch im aktiven Dienst der US-Marine und dürften kaum verfügbar sein.

1. Anreise

Sobald Ihr U-Boot mit ausreichend Proviant beladen und bereit zum Auslaufen ist, nehmen Sie Kurs Nord durch das Beringmeer in Richtung Beringstraße. In den Sommermonaten ist die Menge des zu durchquerenden Eises am geringsten, Winterpassagen sind jedoch auch möglich. Der einschränkende Faktor ist das Packeis. Je weiter es sich nach Süden erstreckt, desto länger müssen Sie unter Wasser bleiben.

2. Gehen Sie auf Tauchstation

Während der Sommermonate haben Sie eine lange, unbehinderte Seereise durch das Beringmeer und in die Tschuktschensee, bevor Sie auf das ewige Packeis treffen, was das sichere Passieren und Navigieren viel leichter macht. Die Tschuktschensee ist im Durchschnitt nur etwa 77 Meter tief, ein Großteil ist noch flacher. Sollten Sie sie während der Wintermonate durchqueren, wenn das Packeis seine südlichste Ausdehnung erreicht hat, werden Sie auf Eisgrate oder »Eiskiele« stoßen, die sich von der Oberfläche aus bis in 60 Meter Tiefe erstrecken. Dadurch wird die Manövrierfähigkeit Ihres Bootes stark eingeschränkt.

Vor dem Untertauchen sollten Sie der US-Küstenwache über Funk Ihre Position durchgeben. Kontrollieren Sie nochmals Standort und Peilung. Von hier an ist es absolut unerlässlich, dass Sie mit größter Sorgfalt navigieren, wenn Sie ein U-Boot der 637er Klasse benutzen. Sobald Sie sich dem Nordpol nähern, funktioniert sein kardanisch aufgehängtes Kreisel-Navigationssystem nicht mehr so gut, da die Rotationsgeschwindigkeit der Erde auf den höheren Breitengraden die Genauigkeit des Kreiselkompasses beeinträchtigt – gewöhnlich lenkt sie die Kompassnadel zur Polseite hin ab. Sobald Sie sich unter dem Eis befinden, kommen Sie nicht mehr in den Genuss der ständigen Positionskontrollen, die das globale Satelliten-Navigationssystem GPS Schiffen über Wasser liefert. Zwar können Sie in regelmäßigen Abständen Überprüfungen vornehmen, aber dafür müssen Sie jedes Mal auftauchen.

Haben Sie ein U-Boot der Los-Angeles-Klasse, benutzen Sie ein elektronisches Kreiselsystem oder einen Laserringkreisel, die beide spielend mit den hohen Breitengraden fertig werden.

Für die Navigation am Pol können Sie außerdem von einer anderen Technologie profitieren, die von der Navy entwickelt wurde. In der Nähe des Pols, auf etwa 84 bis 85 Grad nördlicher Breite, wird die Funktionalität von Längen- und Breitengrad-Linien problematisch. Während sich die physische Trennung zwischen den Breitengradlinien nicht ändert, rücken die Längengrad-Linien immer enger zusammen.

Um dem entgegenzuwirken, schalten Sie Ihr Navigationssystem auf Polarmodus. Auf diese Weise wird die Navigation durchgeführt, als wäre der Pol in die Mitte des Pazifischen Ozeans oder an den Äquator gerückt worden, was die Fehlerspanne des Navigationssystems reduziert.

Suchen Sie in regelmäßigen Abständen nach Polynjas, um aufzutauchen und Ihre Position mit den GPS-Satelliten-Standortbestimmungen zu vergleichen. Dank der neueren Navigationssysteme kann ein U-Boot zwischen Ortungen sogar zwei Wochen lang unterwegs und sich seiner Position trotzdem sehr sicher sein.

Ein weiterer Kniff beim Navigieren unter Eis ist das Vergleichen von Tiefe und Konturen des Meeresbodens mit den bekannten Daten des Gebiets, in dem Sie sich zu befinden glauben. Wenn Sie eigentlich in einer flachen Zone sein müssten, verrät Ihnen ein ungewöhnlich tiefer Meeresboden zweifelsfrei, dass Sie irgendwo falsch abgebogen sind.

Sobald Sie sich dies alles noch einmal vergegenwärtigt haben und startklar sind, schließen Sie alle wasserdichten Türen und Öffnungen des U-Bootes und vergewissern sich, dass Sie an Bord »grün« haben (das Zeichen, dass das Boot klar zum Tauchen ist). Setzen Sie zum Manövrieren die Bug-Höhenruder ein.

Gehen Sie auf Tauchstation.

3. Wachsamkeit

Sobald Sie sich im Beringmeer oder in der Tschuktschensee unter Eis befinden, fahren Sie langsam, mit 5 bis 7 Knoten, weiter. Das heute verfügbare BQQ-Sonar wird die Tiefe des Meeresbodens von Ihrem Kiel aus, den Abstand bis zum Eis über Ihnen und die Stärke des auf Sie zukommenden Eises überwachen und Sie auf diese Weise auf gefährliche Situationen aufmerksam machen. Dennoch brauchen Sie im Fall einer Gefahr genug Zeit zum Reagieren, weswegen sich eine niedrige Geschwindigkeit anbietet.

Wenn das Sonar auf Ihrem Kurs einen Eisgrat entdeckt, gibt es eine Reihe von Tricks, diesen zu umgehen. Achten Sie erstens auf das so genannte »fade ranging«. Falls der Sonarkontakt zu einem Eiskiel verstummt, wenn Sie sich ihm auf weniger als 275 Meter nähern, dann werden Sie tatsächlich etwa siebeneinhalb Meter unter ihm hindurchfahren. Dies beruht auf einer geometrischen Eigenschaft des Sonarsystems und seines Standortes in dem U-Boot.

Vertrauen Sie zweitens auf das Glück und die »narrow sail«-Theorie: Das Segel eines Atom-U-Bootes (der Teil, der sich vom Hauptrumpf aus nach oben erstreckt) ist nur 2,4 bis 2,7 Meter breit. Wenn das Sonar darauf hindeutet, dass sich direkt vor Ihrem Boot oder in einem Radius von 6 Grad zu beiden Seiten kein Eis befindet, dann kann das Boot ohne weiteres die Öffnung passieren.

Regel Nummer eins für die Fahrt in flachen Zonen lautet, immer geradeaus zu fahren (um Navigationsfehler möglichst zu vermeiden) und den Kurs zu halten, mit siebeneinhalb Metern Wasser zwischen Kiel und Grund. Der Meeresboden ist auf den südlichen Seewegen zur Arktis beinahe so glatt wie ein Billardtisch, weshalb von der Beschaffenheit des Grundes keine Gefahr ausgeht, und je näher Sie dem Meeresboden sind, desto weiter weg sind Sie vom Eis.

Halten Sie auf dem Monitor, der die Eisstärke anzeigt, ständig Ausschau nach Polynjas. Normales Eis erscheint als gezackte Linie, eine Polynja als glatte Linie. Sobald Sie eine passieren, notieren Sie deren Anfang auf Ihrer Route. Gelangen Sie wieder unter normales Eis, notieren Sie dies als das Ende der Polynja. Steuern Sie eine Kurve in Form der Ziffer 4: Drehen Sie 270 Grad nach Steuerbord und bringen Sie das U-Boot wieder unter die Polynja. Nehmen Sie bei diesem Wendemanöver Einschätzungen der Breite der Polynja vor.

Zeichnen Sie Umfang und Standort jeder Polynja auf, die Sie passieren, und denken Sie daran, dass Sie sich nur etwa 30 bis 40 Minuten (höchsten eine Stunde) auf diesen Standort verlassen können, da sich das Eis mitunter schnell bewegt. Polynjas sind Ihr Ziel, sobald

ein Notfall Sie zum Auftauchen zwingt, Sie wissenschaftliche Arbeiten auf dem Eis durchführen oder einfach nur die eigene Position überprüfen wollen. Leider
besteht die einzige Möglichkeit, eine Polynja zu finden,
darin, unter ihr hinwegzufahren.

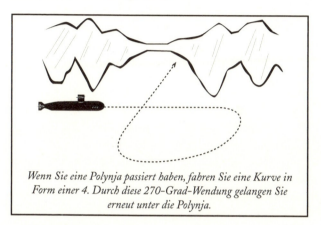

*Wenn Sie eine Polynja passiert haben, fahren Sie eine Kurve in
Form einer 4. Durch diese 270-Grad-Wendung gelangen Sie
erneut unter die Polynja.*

4. Der Nordpol

Wenn Sie in der Umgebung des Nordpols (des echten,
nicht des magnetischen, der irgendwo unter Kanada
liegt) eintreffen, beginnen Sie, nach einer Polynja zu
suchen. Prüfen Sie die Eisdicke. Vergleichen Sie die
Wassertiefe (die das Eis mit einschließt) mit dem Abstand vom U-Boot zum unteren Ende des Eises. Wenn
über Ihnen 120 Meter Wasser sind, der Abstand zum
Eis aber nur 119 Meter beträgt, dann haben Sie ungefähr einen Meter Eis zu bewältigen – für Boote der
688er und 637er Klasse kein Problem.

Holen Sie die mitgeschleppte Sonaranordnung ein
und schalten Sie Ihren Hilfsantrieb an. Dabei handelt es
sich um einen 200-PS-Elektromotor, der im Ballasttank

achtern untergebracht ist und in jede Richtung gedreht werden kann.

Positionieren Sie das U-Boot in einer Tiefe von ungefähr 45 bis 55 Metern (Kieltiefe) im Zentrum der Polynja und drosseln Sie die Geschwindigkeit, indem Sie die Hauptmaschinen rückwärts laufen lassen. Der Hilfsantrieb sollte benutzt werden, um kleinere Positions- und Richtungskorrekturen vorzunehmen.

Fahren Sie das Periskop aus und nehmen Sie eine Sichtprüfung der Polynja vor, wobei Sie nach bislang noch nicht entdeckten Eiskielen oder Hindernissen Ausschau halten. Sobald Sie fertig sind, fahren Sie das Periskop wieder ein, sichern es und ziehen Sie die Bugruder ein, damit sie nicht beschädigt werden.

Für das eigentliche Auftauchen können Sie entweder die »vertikale« oder die »pick-and-blow«-Methode wählen. Falls Sie sich für das senkrechte Auftauchen entscheiden, beginnen Sie mit neun Metern (30 Fuß) pro Minute aufzutauchen. Bei dieser Geschwindigkeit stößt das Segel durch das Eis und verursacht einen Riss. Schalten Sie Ihr Niederdruck-Gebläse ein und beginnen Sie die Hauptballasttanks mit Luft zu füllen. Der zusätzliche Auftrieb befördert das U-Boot nach oben.

Sollten Sie eine sanftere Methode bevorzugen, probieren Sie »pickandblow«, Bohren und Blasen. Richten Sie das U-Boot behutsam auf, so dass die Spitze des Segels gegen die Unterseite des Eises drückt. Beginnen Sie Luft in die Tanks zu blasen und überlassen Sie es dem Aufwärtsdruck, das U-Boot durch das Eis zwängen.

Prüfen Sie Ihren GPS-Standort, um zu sehen, wie nahe Sie am Pol sind. Planen Sie 3 bis 10 Minuten ein, bis die Daten eintreffen.

Geben Sie über Funk Ihren Erfolg durch.

6. Gefahren an der Oberfläche

Außerhalb des U-Boots herrschen feindliche Bedingungen. Die Lufttemperatur ist extrem niedrig. Stürme können plötzlich aufkommen. Das Eis kann anfangen sich zu bewegen oder aufbrechen. Es ist nicht einmal auszuschließen, dass Sie auf dem Eis einem Eisbären über den Weg zu laufen. Eisbären zählen zu den wildesten Raubtieren auf Erden, für die Sie eine willkommene Beute darstellen.

Bevor Sie oder sonst jemand rausgeht und anfängt, Flaggen aufzupflanzen, werfen Sie mit Ihrem Fernglas einen Blick in die Runde und lassen Sie stets einen Posten nach einem möglichen Eisbären Ausschau halten und den Verbleib jedes draußen befindlichen Besatzungsmitglieds verfolgen, für den Fall, dass Sie überstürzt aufbrechen müssen.

Wenn Sie genug haben, tauchen Sie unter und nehmen über den Atlantischen Ozean Kurs in Richtung Heimat. Die dortigen Gewässer sind tiefer, wodurch Ihnen eine einfachere Passage bevorsteht.

Gründen Sie einen unabhängigen Staat

Was Sie unbedingt brauchen

- Land, über das gestritten wird (ein legitimer kultureller/historischer Anspruch auf selbiges wäre hilfreich), noch nicht entdeckt worden oder jüngst erst enstanden ist (beispielsweise die Ostküste der Insel Hawaii)
- Einen guten Anwalt mit Erfahrung in Immobilien- und internationalem Recht
- Charisma (denken Sie daran, dass Sie eine Menge Leute von Ihrer Sicht der Dinge überzeugen müssen)
- Harte Währung
- Eine Flagge
- Eine Verfassung
- Eine Nationalhymne, einen Nationalvogel, einen Nationalbaum und eine Nationalblume

 Erforderliche Zeit

Sechs bis zwölf Monate

 Hintergrund

Die Geschichte hat gezeigt, dass die Gründung eines

unabhängigen Staates ein schwieriges Unterfangen ist. Nur in sehr wenigen Fällen forderte die Bildung einer unabhängigen Regierung innerhalb der Grenzen eines souveränen Staates kein Blutvergießen. Die amerikanische Revolution, die Gründung Israels, der Kampf um einen eigenständigen Palästinenserstaat, der Krieg auf dem Balkan und die meisten Aufstände gegen Kolonialmächte hatten beziehungsweise haben neben der Beschädigung oder Zerstörung von Eigentum den Tod zahlloser Menschen zur Folge.

Das Ziel der Unabhängigkeit rückt in greifbarer Nähe, wenn das fragliche Territorium zwei wesentliche Kriterien erfüllt. Erstens: Es gibt weder einen Besitzer noch jemanden, der einen rechtmäßigen Anspruch darauf hat. Zweitens: Niemand sonst will es haben. Wenn das Land, über das Sie die Herrschaft errichten wollen, von bedeutsamen strategischem, ökonomischem oder militärischem Wert ist, über riesige natürliche Rohstoffreserven verfügt (Öl, Gold, Platin, Fischgründe etc.) oder ein hübscher Urlaubsort werden könnte, steht Ihnen ein harter Kampf bevor.

 Anweisungen

1. Identifizieren, erwerben, besetzen
Für dieses Unterfangen existieren zwei mögliche Optionen: Kauf oder Aufstand.

Für die Kauf-Variante gilt: Wer über ausreichend harte Währung verfügt, dürfte keine Schwierigkeiten haben, an einen Drittwelt-Staat heranzutreten und ihm anzubieten, einen Teil seines Territoriums zu erwerben, samt der Anerkennung Ihrer Existenz als souveräner

Staat. Je geldgieriger der fragliche Staat ist, desto höher sind Ihre Erfolgschancen.

Mögliche Ausgangspunkte sind Belize (das vor der Küste mehrere bescheidene Inseln besitzt, die zum Verkauf stehen), Nicaragua, die Fidschi-Inseln, die Philippinen oder die Seychellen im Indischen Ozean. Nehmen Sie Kontakt zum jeweiligen Außenministerium auf, um Gespräche einzuleiten.

Eine Insel ist schon für den Gegenwert von wenigen Zehntausenden bis zu ein paar Millionen Euro zu haben. Angesichts der Wahrscheinlichkeit, dass viele tief gelegene Inseln infolge der globalen Erwärmung der Polkappen in absehbarer Zeit im Meer versinken werden, sind viele Regierungen möglicherweise geradezu erpicht darauf, sich von diesen Immobilien zu trennen.

Wenn Sie sich entscheiden, das Land zu kaufen, legen Sie außer für den Kaufpreis auch noch Bargeld für anfallende Gebühren und Kautionen beiseite. Die Seychellen verlangen beispielsweise die Hinterlegung von zwei Millionen Seychellen-Rupien (etwa 320 000 Euro) in der Zentralbank der Seychellen. In Belize ist es notwendig, sich vom Ministerium für staatliche Ressourcen eine Grundbesitzer-Lizenz mit Pfandrecht zu besorgen. Um diese Lizenz zu erhalten, müssen Sie erklären, wie Sie das Land zu nutzen beabsichtigen. (Ihre Pläne zur Ausrufung der Unabhängigkeit sollten Sie lieber nicht öffentlich erwähnen. Dies ist eine Privatangelegenheit zwischen Ihnen und hohen Regierungsbeamten.) In Belize sind Investoren, die Land erschließen und Jobs für Einheimische schaffen, sehr willkommen. Die Lizenz, deren Erwerb eine Formalität ist, wird normalerweise in ein bis zwei Monaten gewährt. Seien Sie gewarnt: Jeder Immobilienkauf, der die Inseln vor der Küste betrifft, muss *unabhängig von der Größe* des Territoriums zuerst von der Regierung genehmigt werden, weshalb Sie sich unbedingt Freunde in der Hauptstadt machen sollten. Andere Länder haben ähnliche Bestimmungen.

Bei einer Variante dieses Konzepts kauft man fremdes Land und erklärt nach einer angemessenen Wartezeit dessen Unabhängigkeit von einer repressiven Regierung. Wenden Sie sich anschließend sofort an das US-Außenministerium oder an den nächsten militärisch und wirtschaftlich mächtigen Staat um Hilfe. Dazu müssen Sie in jedem Fall eine unverhohlene Unterdrückung von Menschenrechten durch Ihr Gastland nachweisen können. Pflegen Sie außerdem ein herzliches und enges Verhältnis zu Persönlichkeiten aus der Regierung des Landes, an das Sie sich wenden. In dieser Situation sollte man Parlaments- und Kongressabgeordnete, Premierminister und Präsidenten zu seinen Freunden zählen.

Für die zweite Option, den Aufstand, gilt: Suchen Sie sich ein Land aus, in dem es einer politischen oder kultuerellen Minderheit Hinweise auf eine nicht unerhebliche Unzufriedenheit gibt. Stellen Sie sich dieser Gruppe vor und bieten Sie ihr Finanzierung und Führung (hier ist Charisma gefragt) für ihre Kampagne gegen die Unterdrückung ihrer Identität an. Dies war in Afrika, auf dem Balkan und in den meisten Kolonialländern eine probate und recht erfolgreiche Methode.

Bei diesem Ansatz tun Sie kaum mehr, als sich auf die Seite der Entrechteten zu schlagen, deren Bewusstsein und Selbstvertrauen zu heben und sie zu einer (wenn möglich) friedlichen Rebellion zu führen. Leider endet die Sache fast immer mit Blutvergießen, weshalb diese Methode nicht zu empfehlen ist. Sollten Sie sich trotzdem dafür entscheiden, setzen Sie sich mit der

Zeitschrift *Soldier of Fortune* (»Glücksritter«) in Verbindung und besorgen Sie sich Empfehlungen für Söldner.

Wenn beide oben beschriebene Methoden scheitern, können Sie auch versuchen, Anspruch auf Land zu erheben, das genau genommen unter keinerlei Zuständigkeit fällt oder nicht strittig ist. Frisch auftauchende vulkanische Inseln sind dafür ebenso geeignet wie Teile der Antarktis. Fehlt ein geeigneter Kandidat, können Sie auch in irgendeinem seichten Abschnitt des Ozeans eine erhöhte Plattform errichten und mit der Gründung Ihres eigenen Staates beginnen, indem Sie auf Lastkähnen Erdreich heranschaffen lassen.

2. Bilden Sie eine Regierung

Sobald Sie Ihren Pfad zur Unabhängigkeit gewählt haben, müssen Sie sich auf den Weg machen, die weltweite Anerkennung zu ergattern.

Der erste Schritt zur Legitimation Ihres Staates ist die Einrichtung einer Regierung: Sie brauchen Führung, Staatsdiener und eine wehrhafte Verfassung. Empfehlenswert ist ein parlamentarisches System in Verbindung mit einer konstitutionellen Monarchie. Setzen Sie niemals sich selbst zum Herrscher auf Lebenszeit ein – nichts würde schneller eine Friedenssicherungtruppe der US-Marines in Ihren Präsidentenpalast befördern.

Beachten Sie wesentliche Aspekte wie Menschenrechte, Redefreiheit, Religionsfreiheit, Versammlungsfreiheit etc. Gehen Sie nicht über bereits anderswo gelernte Lektionen hinweg. Beispielsweise ist es keine gute Idee, der Bürgerschaft zu erlauben, sich zu bewaffnen. Eine schlecht formulierte Verfassung führt zu unnötigen Debatten hinsichtlich ihrer Auslegung, was wiederum eine starke Vermehrung von Anwälten zur Folge hat.

3. Ernennen Sie Botschafter

Ernennen Sie Freunde, Geschäftsleute und andere Leute, denen Sie entweder einen Gefallen schulden, die Sie für kompetent halten oder bloß außer Landes haben wollen, zu Ihren Botschaftern und schicken Sie sie zu den großen Mächten. Auf keinen Fall vergessen werden dürfen die USA, Russland, Japan, China, sämtliche OPEC-Staaten sowie Deutschland, Frankreich und das United Kingdom.

Setzen Sie Botschafter in fremden Ländern ein, suchen Sie dafür Freunde, Bekannte und Leute, die Sie nicht mehr im Land haben wollen, aus.

4. Anerkennung

So wie man einen älteren Bruder hat, der einen vor Schlägern beschützt, sollten Sie unbedingt eine enge Beziehung zu einem mächtigen Land unterhalten, das Sie bei einer politischen oder militärischen Konfrontation unterstützt. Erklären Sie sich bereit, einen Luftwaffenstützpunkt oder Marineankerplatz dieses Landes zu beherbergen oder ihm Vorzugsvereinbarungen für den Zugang zu Fischgründen oder Bodenschätzen zu gewähren oder Schlüsselprodukten exklusive Vermarktungsrechte einzuräumen.

Was das wirtschaftliche Wohlergehen betrifft, können Sie einen positiven Cash-Flow sicherstellen, indem Sie Bankgesetze erlassen, die für Anleger außerhalb Ihrer Grenzen günstig sind – was auch immer deren Beweggründe oder finanzielle Quellen sein mögen.

Ist Ihr neuer Staat mit einer attraktiven Landschaft, schönen Stränden und warmen Gewässern, Möglichkeiten zum Angeln von Großfischen, einer seltenen Tierart oder sonstigen Attraktionen gesegnet ist, bewerben Sie ihn als Touristenziel. Sie brauchen unbedingt einen Flughafen, der allerdings von einem anderen Land finanziert werden sollte und vielleicht auch als Ort zur Unterbringung von dessen Luftwaffenpräsenz dienen kann, falls Sie diesem Land Stationierungsrechte gewähren. Ein großes Hotel oder eine größere Ferienanlage ist gut, vielleicht ziehen Sie es aber auch vor, die betuchten und sozial/umweltmäßig gequälten Seelen abendländischer Menschen anzusprechen, indem Sie ein naturfreundlicheres und idyllischeres Erlebnis bieten: Deckenventilatoren statt Klimaanlagen, strohgedeckte Dächer statt Blechplatten und Steckdosen und Strom nur soweit unbedingt erforderlich. Natürlich müssen Sie mindestens ein einheimisches Bier brauen.

5. Nationalhymne

Kein Land ist komplett ohne Nytionalhymne (und auch
nicht ohne Flagge, Siegel, Motto, Vogel, Baum etc.).
Falls Sie über musikalische Neigungen und Fähigkeiten
verfügen, können Sie die Hymne selbst komponieren.
Sie können aber auch einen Profi engagieren oder einfach eine populäre Melodie klauen und den Text daran
anpassen.

Fahren Sie mit einem Panzer durch einen Tornado

Was Sie unbedingt brauchen

- Einen M1A1-Abrams-Panzer – erhältlich bei der US-Army; wenden Sie sich ans Pentagon, um Kauf oder Miete zu vereinbaren.
- Einen Tieflader für den Panzertransport (ebenfalls bei der US-Army erhältlich)
- Mobile Doppler-Radareinheit (oder eine Funk-Datenverbindung zum Zentrum für Sturmvorhersage des amerikanischen staatlichen Wetterdienstes SPC [National Weather Service's Storm Prediction Center] in Norman, Oklahoma) mit einer Crew zur Überwachung und Weiterleitung von Berichten an Sie per Funk; mieten Sie die Radareinheit von einem Wetteramt.
- Funkgeräte
- Gute Landkarten
- Einen Tornado
- Sturzhelm
- Ohrstöpsel

 ## Erforderliche Zeit

Hängt vom Wetter ab. Planen Sie eine bis sechs Wochen ein.

Tornados werden per Fujita (F)-Skala eingestuft und reichen vom gewöhnlichen F0 (64 bis 116 Stundenkilometer [km/h] bis zum theoretischen F6 (513–610 km/h). Die Stufen F0 und F1 (117 bis 180 km/h) machen etwa drei Viertel aller registrierten Tornados aus. Die Einstufung und Windgeschwindigkeit sind entscheidende Informationen. Am besten konzentrieren Sie sich auf F0- und F1-Tornados. Tornados der Stufe F2 und darüber können Güterwagen hin und her schleudern, Autos herumwirbeln und beträchtliche Schäden an Bauwerken anrichten.

Ein M1A1-Panzer ist erheblich schwerer als ein Auto oder ein Güterwagen – er wiegt 60 Tonnen, die zudem nah am Boden befördert werden. Dieses Merkmal hilft nicht nur dabei, den Panzer vor feindlichem Feuer zu schützen, sondern dient auch als Schutz gegen starke Winde. Die Panzerung aus so genanntem Chobham ist zudem sehr robust und schirmt das Innere des Fahrzeugs samt Insassen gegen alles ab, dem man in einem Tornado begegnen könnte.

Der M1A1 ist nicht nur schwer auf den Rücken zu werfen, für seine Größe ist er außerdem sehr schnell und erreicht auf unebenem Untergrund mehr als 50 km/h. In flachem Gelände kann er auf über 65 km/h beschleunigen. Da man den Weg eines Tornados nie genau vorhersagen kann, sind Geschwindigkeit und Beweglichkeit in diesem Fall entscheidende Faktoren.

Die Hauptgründe, einen F0 oder F1 anzupeilen, sind ihr häufiges Auftreten, wodurch sie leichter zu finden sind, und die unkalkulierbaren Schäden, die stärkere Tornados an Ihrem Panzer anrichten können.

Wichtige Anmerkung: Lassen Sie sich vom schieren Ausmaß eines Tornados nicht hinsichtlich seiner Stärke verwirren. Ein größerer Tornado bedeutet nicht zwangsläufig stärkere Winde, und ein kleinerer Wirbelsturm ist nicht unbedingt ungefährlicher. Um die Tornadostärke richtig einzuschätzen, müssen Sie die Windgeschwindigkeit messen. Dies erledigt das Doppler-Radar. Sollte Ihnen eine mobile Einheit zur Verfügung stehen, überwachen Sie damit jeden Wirbelsturm, den Sie in Betracht ziehen. Wenn nicht, laden Sie sich die speziellen Tornado-Statistiken vom SPC herunter.

Anweisungen

1. In Bereitschaft halten

Verfolgen Sie genauestens die Wetterberichte. Statistisch gesehen sind Nordtexas und Westoklahoma die besten Zielgebiete. In Texas wurden bislang mehr Wirbelstürme registriert als irgendwo sonst auf der Welt. Die beste Jahreszeit für Wirbelstürme ist je nach Standort zwischen Mai und Ende Juli.

Bringen Sie sich und Ihre Ausrüstung südwestlich von Norman, Oklahoma in Position. Seien Sie bereit, jederzeit aufzubrechen. In ihrer Formierungsphase kommen die Tornados unweigerlich aus Südwesten und ziehen nordostwärts. Lassen Sie den Panzer mit einer Plane abgedeckt und voll getankt auf dem Tieflader stehen. Überpüfen Sie im Rahmen der Empfehlungen des Herstellers regelmäßig seine Einsatzbereitschaft und lassen Sie dabei auch den Motor an. Vergewissern Sie sich, dass die Munitionsbehälter keine scharfe Munition enthalten.

2. Überwachung

Üben Sie sich in Geduld und verfolgen Sie unablässig die Wetterberichte. Das SPC gibt exakte Sturmbeobachtungen heraus, während sich ein Unwetter zusammenbraut. Eine solche Beobachtung bedeutet, dass heftiges Wetter erwartet wird, garantiert aber keinen Tornado. Im Falle einer Eskalation der Wetterlage gibt das SPC Sturmwarnungen aus. Sobald ein Tornado gesichtet wird, ergeht eine Tornadowarnung.

3. Mobilisierung

Sobald Sie Position und Bewegung einer einen Tornado erzeugenden Gewitterwolke bestimmt haben, fahren Sie sich so schnell wie möglich. Hören Sie dabei weiterhin die Wettermeldungen ab.

In einigen Fällen enthält die SPC-Warnung die Worte »Dies ist eine besonders gefährliche Situation«. Dies bedeutet, dass das SPC eine Periode besonders heftiger und ausdauernder Tornados erwartet. Sollten Sie eine solche Warnung vernehmen, richten Sie alle Aufmerksamkeit auf diesen Sturm.

Setzen Sie gegebenenfalls Ihr mobiles Doppler-Radar ein, damit es den Sturm verfolgt und Ihnen die genaue Richtung angibt.

4. Ankunft

Halten Sie beim Näherkommen Ausschau nach voll entwickelten Wirbelstürmen oder der typischen Wolkenformation, die anzeigt, dass sich ein Trichter bildet: ein kegelförmiger Wolkenabschnitt, der scheinbar aus der Wolkenschicht nach unten gezogen wird. Das Radar wird seine Verlaufsrichtung und Geschwindigkeit bestimmen und Sie so leiten, dass Sie sich direkt vor dem Tornado befinden.

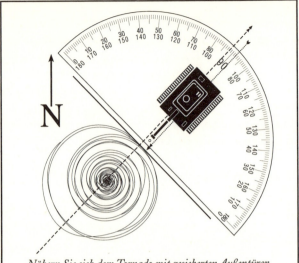

Nähern Sie sich dem Tornado mit gesicherten Außentüren.
Beobachten Sie die Rotationsrichtung. Wenn der Tornado gegen
den Uhrzeigersinn rotiert, fangen Sie ihn an der Ausströmkante
von rechts ab. Wenn er mit dem Uhrzeigersinn rotiert, dann fangen
Sie ihn von links ab.

Wichtige Anmerkung: Bevor Sie weitermachen, gehen Sie sicher, dass die Stärke des Tornados nicht über F1 liegt.

Stellen Sie den Tieflader anderthalb bis drei Kilometer vor dem Tornado ab, so nahe wie möglich an dem Weg, den der Sturm voraussichtlich nimmt. Starten Sie den Panzer, rollen Sie von der Ladefläche und steuern Sie direkt auf das Zentrum des Tornados zu. Der Tieflader sollte das Gebiet schleunigst verlassen. Schließen Sie sämtliche Panzerluken und sichern Sie sie mit Bolzen. Setzen Sie Ihren Helm auf und nehmen Sie auf dem

Fahrersitz Platz. Vergewissern Sie sich, dass der Geschützturm nicht verriegelt ist. Er soll sich mit dem Wind drehen, um jede Beschädigung des Mechanismus zu vermeiden. Das Hauptgeschützrohr muss jedoch gesichert und entladen sein.

Tornados drehen sich manchmal, meistens jedoch gegen den Uhrzeigersinn. Bevor Sie mit dem Tornado in Berührung kommen, vergewissern Sie sich über seine Drehrichtung. Dreht er sich im Uhrzeigersinn, schneiden Sie der Spitze des Tornados von links den Weg ab. Dreht er sich gegen den Uhrzeigersinn, kommen Sie von rechts. Auf diese Weise bietet der Panzer dem Wind die geringste Angriffssfläche. Dadurch steht dem Abrams die maximale Leistung zur Verfügung, um die Bodenhaftung zu bewahren und den Tornado zu passieren.

Fahren Sie weiter und beobachten Sie den Tornado dabei durch den Sehschlitz. Ihre Sicht wird einigermaßen eingeschränkt sein, aber für Ihre Zwecke ausreichend.

Der Wind wird den Panzer heftig durchschütteln, doch sollten Sie in der Lage zu sein, weiter vorwärtszufahren. Falls sich der Tornado anfangs gegen den Uhrzeigersinn gedreht hat, werden Sie spüren, wie der Panzer sich im Wind nach rechts dreht. Steuern Sie ihn mit kleinen Bewegungen in die entgegengesetzte Richtung, aber übersteuern Sie nicht.

Sobald der Panzer das Zentrum passiert hat, wird der Wind Sie von rechts treffen und nach links drücken. Drehen Sie den Panzer wiederum mit kleinen Steuerungskorrekturen behutsam in den Wind.

Nach etwa 30 Sekunden werden Sie aus dem Tornado herauskommen. Fahren Sie ohne Umschweife weiter, weg von dem Trichter, und achten Sie währenddessen auf mögliche andere Wirbelstürme. Melden Sie sich bei dem Radarteam, um durchzugeben, dass Sie wohlbehalten sind, und um die Lage zu checken. Vereinbaren Sie einen Treffpunkt weit weg von dem Sturm, bevor Sie aus dem Panzer steigen.

Entwenden Sie die *Mona Lisa*

Was Sie unbedingt brauchen

- Eine gut versicherte und zugelassene Sicherheitsfirma
- Uniformen für Sicherheitsbeamte
- Lieferantenuniformen
- Zwei identische gepanzerte Transportfahrzeuge (per Sonderbestellung z. B. bei Ford oder Daimler-Benz erhältlich)
- Zwei ähnliche Autos mit erfahrenen Stuntfahrern
- Ein Sicherheitsteam einschließlich Fahrer und Wachmann für einen Laster
- Ein Team für den zweiten Laster
- Einen Freund im Außenministerium und in einem bedeutenden Museum
- Qualitativ hochwertige Holzkisten mit dem Aufdruck »Kunstwerk von unschätzbarem Wert – diese Seite nach oben«
- Funkgeräte
- Ein verlassenes Industriegelände
- Ein Versteck

 Erforderliche Zeit

Ein oder zwei Jahre für Planung, Organisation und die Beschaffung von Referenzen. Ungefähr 45 Minuten für das Beiseiteschaffen des Gemäldes.

Die *Mona Lisa* wurde ein einziges Mal aus dem Louvre gestohlen: im Jahr 1911. Der Dieb war nur in dem Sinne erfolgreich, als er es geschafft hat, mit dem Gemälde das Gebäude zu verlassen. Doch schließlich wurde er gefasst und das Bild sichergestellt. Der Hauptgrund für die schnelle Wiedererlangung des Gemäldes ist auch der Hauptgrund dafür, warum der Dieb es überhaupt erst erfolgreich entwenden konnte – Dummheit. Der Louvre hat sich bei der Suche nach dem Bild dilettantisch angestellt, und der Dieb war nicht misstrauisch genug, als er sich einem Kaufangebot in bar gegenübersah – das Angebot war eine Finte.

Anscheinend ist die Polizei in Frankreich klüger geworden. Heute wird die *Mona Lisa* durch elektronische Überwachung und patroullierende Sicherheitsbeamte vor Langfingern geschützt. Während der Diebstahl des Jahres 1911 wunderbar einfach war, so ist eine erfolgreiche Anwendung der damals benutzten Strategie – warten, bis niemand in der Nähe ist, das Bild entfernen und über eine Ausgangstreppe verschwinden – heute nicht mehr möglich. Die Sicherheitsvorkehrungen im Louvre sind viel zu gut (weshalb Sie zumindest erwägen sollten, von dem Entwenden des Gemäldes vielleicht doch wieder Abstand zu nehmen).

Die für Sie sicherste Methode besteht darin, Vorkehrungen für die Entwendung des Gemäldes zu treffen, solange es sich nicht an seinem angestammten Platz befindet – wenn es entweder in einem anderen Museum hängt, wo die Sicherheitsmaßnahmen leichter auszuhebeln sind, oder während seines Transports. Beide Szenarien bergen hohe Risiken für das Gemälde, was Ihnen wiederum einige Chancen eröffnet.

Zur Vorbereitung sollten Sie bei Profis ein kleines Spezialtraining absolvieren. Das US-Innenministerium beispielsweise bietet einen Dreitagekurs in Museumssicherheit an. Die Teilnahme ist kostenlos, und der Kurs bietet gute Einblicke in sicherheitstechnisch Verfahrensweisen.

Des weiteren müssen Sie den Louvre unbedingt davon überzeugen, sich von seinem unbezahlbaren Schatz zu trennen. Dafür benötigen Sie Freunde.

 Anweisungen

1. Gründen Sie die Firma

Sie müssen der Besitzer und Betreiber eines (scheinbar) rechtmäßigen Kurierdienstes sein. Sollten Sie keine lange und strahlende Vergangenheit in der Branche vorweisen können, kaufen Sie sich einen Dienst mit dem erforderlichen Renommé. Wenn Ihnen das nicht recht ist oder die in Frage kommenden Firmen nicht zum Verkauf stehen, heuern Sie die entscheidenden Leute in der Branche an. Für genug Geld können Sie sich die *crème de la crème* der Museumssicherheitsindustrie ins Boot holen. Dies verschafft Ihrer Organisation sofort einen Lebenslauf, auf den Sie beim nächsten Schritt zurückgreifen können.

Als Vorbereitung für den erwarteten »Besitz« der *Mona Lisa* müssen Sie sich heimlich falsche Papiere besorgen. Dazu können Sie Sie sich diskret in den weniger angenehmen Vierteln beispielsweise von London oder Amsterdam umsehen. Zudem kann es nicht schaden, Ihr Aussehen radikal zu verändern, bevor Sie überhaupt weitermachen. Überlegen Sie, ob Sie sich den Schädel rasieren, eine hochwertige Perücke tragen, sich einen Bart stehen lassen, getönte Kontaktlinsen einsetzen etc.

Es ist sicher keine schlechte Idee, an allen Orten, die eine Verbindung zu Ihnen oder der Beschaffung des Gemäldes aufweisen, Handschuhe zu tragen, um keine Fingerabdrücke zu hinterlassen. Beim Hantieren mit Kunstwerken sind weiße Baumwollhandschuhe überhaupt nichts Ungewöhnliches, bei anderen Gelegenheiten könnten Sie damit jedoch ziemlich exzentrisch wirken. Wenn Sie sich als talentierter Irrer geben, auf den trotz einiger Schrullen Verlass ist, verschaffen Sie sich womöglich das angemessene Image in der Kunstwelt, das es Ihnen gestattet, Ihre Fingerabdrücke ungestraft für sich zu behalten. Vielleicht möchten Sie sich aber alternativ dazu lieber Ihre Fingerabdrücke von einem plastischen Chirurgen »ausbrennen« lassen.

2. Besorgen Sie sich den Vertrag

Ihr nächster Schritt besteht darin, vom Louvre den Transportvertrag zu ergattern, was nicht einfach sein wird. Sie werden sich darum bewerben müssen. Der Louvre hat bereits existierende Vereinbarungen mit gut versicherten Firmen, weshalb man zunächst kaum bereit sein wird, Ihnen eine Chance zu geben. Eingedenk dessen gibt es nur eine geeignete Herangehensweise – sich auf Bestechung, Erpressung oder Verleumdungstaktiken zu verlegen. Pfeifen Sie auf Moral, werfen Sie Ihre ethischen Prinzipien über Bord und machen Sie sich an die Arbeit, den Sicherheitchef im Louvre zu »überzeugen«, dass Ihre Firma die einzige ist, die den Job vernünftig erledigen kann. Da manche Leute immun gegen Bestechung sind, bereiten Sie sich darauf vor, notfalls sofort zu Erpressung überzugehen. Mit anderen Worten: Für den Fall, dass der Sicherheitschef bei Bargeld nicht anbeißt, heuern Sie einen Privatdetektiv an, der kompromittierende Informationen beschafft, die Sie Ihrem Verhandlungspartner zusammen mit dem Wortlaut der seinen Missetaten entsprechenden Gesetzestexte ins Gesicht schleudern können. Ehebruch und Veruntreuung wären eine gute Grundlage. Die Kenntnis vergangener schwerer Verbrechen oder Beziehungen zu bekannten Kriminellen sind ebenfalls sehr überzeugende Argumente.

Wichtige Anmerkung: Wenn Ihre Zielpersonen zu sauber sind und sich kein Fleck auf ihrer weißen Weste finden lässt, erfinden Sie einen.

Machen Sie sich in der Zwischenzeit daran, den Ruf Ihrer Konkurrenz mit Hilfe von mysteriösen Unfällen, Bränden, Hinweisen auf Verbindungen zum organisierten Verbrechen, Fehlschlägen bei der Sicherung anderer Gemälde etc. zu beschädigen. All dies wird Ihrem Zweck dienen.

3. Arrangieren Sie Ausleihe und Austausch

Sobald Sie den Transportvertrag in Händen halten, müssen Sie die ersten paar Aufträge, die Sie bekommen, perfekt ausführen, um Vertrauen zu erwerben. Deshalb macht es sich in jedem Falle bezahlt, teure Profis einzustellen.

In dieser Phase werden Ihre Kontaktpersonen im Außenministerium und in einem bedeutenden Museum anfangen, sich mit den Direktoren des Louvre in Verbindung zu setzen und eine Ausleihe des Gemäldes vereinbaren. Dies ist ein zeitraubender Prozess und erfordert möglicherweise Zahlungen in unterschiedlicher

Höhe sowie ein hohes Maß an Geduld. Die Anfrage eines Museums wird nicht ausreichen, aber das Gewicht des Ministeriums wird die Dinge zu Ihren Gunsten beeinflussen.

Ihren Mitarbeitern, insbesondere diejenigen, die das Attrappenfahrzeug fahren, sollten sie zuvor eintrichten, es handle sich um einen abgesprochenen Sicherheitstest, und das Gemälde, das sie transportierten, sei in Wirklichkeit eine Fälschung. Sobald ihnen dämmert, dass die echte *Mona Lisa* weg ist, werden sie ausplaudern, was sie wissen. Lassen Sie sie deshalb im Ungewissen und versprechen Sie Ihnen für den Testlauf, der die Sicherheitsvorkehrungen des Louvre prüfen soll, eine ordentliche Gehaltserhöhung.

Den Austausch nehmen Sie am besten vor, wenn das Transportfahrzeug vorübergehend außer Sicht ist, insbesondere falls Verfolgerfahrzeuge oder Hubschrauber die Route beobachten. Der optimale Ort ist ein Autotunnel oder eine Fähre. Sie werden ein zweites Fahrzeug als Attrappe benötigen, ein Ebenbild des Kleinlasters, der die *Mona Lisa* transportiert. Verstecken Sie den Zweitlaster an dem Ort, an dem Sie den Austausch vornehmen, oder ganz in der Nähe, und tarnen Sie ihm mit abnehmbaren Abdeckungen oder Reklametafeln.

Setzen Sie sich weit genug vor dem Tunnel mit den Stuntfahrern der beiden Fahrzeuge in Verbindung, informieren Sie sie über Ihre geschätzte Ankunftszeit am Übergabeort und schärfen Sie ihnen ein, die Augen offen zu halten.

Sie werden vor Ihnen in den Tunnel einfahren, einen Unfall simulieren und vorübergehend den Verkehr blockieren. Achten Sie darauf, dass Sie diese Verzögerung verursachen, ohne dabei ihre Fahrzeuge fahruntauglich

Wenn die beiden Fahrzeuge nebeneinander stehen, kleben Sie die Beschriftung von dem unechten auf den echten Transporter um. Dann verlassen sie den Schauplatz auf unterschiedlichen Wegen.

zu machen. Es muss so aussehen, als tauschten sie Informationen aus und führen dann jeder für sich alleine weg. Sollten Sie sich entschließen, den Austausch auf einer Fähre vorzunehmen, brauchen Sie keinen Unfall zu arrangieren.

Sobald die Fahrzeuge an derselben Stelle sind, reißen Sie die Abdeckungen von der Attrappe und bringen Sie sie an dem echten Transporter an.

Lassen Sie die Fahrer vom Sicherheitsdienst beim Verlassen des Tunnels oder der Fähre sofort in der Attrappe zur vereinbarten Lieferadresse weiterfahren, während Sie den echten Transporter mit dem Gemälde an einen sicheren Ort bringen – das verlassene Industriegelände, das sie im voraus ausgekundschaftet haben.

4. Verschwinden Sie vor aller Augen

Die französischen Behörden werden jeden Grenzübergang, jeden Flughafen, Seehafen, Güterbahnhof etc. schließen, also stellen Sie sich darauf ein, mindestens für die nächsten drei Monate in Paris zu bleiben.

Suchen Sie sich eine Bleibe, halten Sie sich bedeckt und kehren Sie unauffällig zu ihrem ursprünglichen Aussehen zurück. Es könnte hilfreich sein, sich eine Zeitlang in Verbände zu hüllen, zumindest in der Öffentlichkeit, und den Leuten weiszumachen, Sie erholten sich gerade von den Nebenwirkungen eines Radikal-Peelings.

5. Das Gemälde zurückgeben?

Sobald Sie das Gemälde haben, müssen Sie sich mit der Frage befassen, was damit zu tun ist. Die Mona Lisa ist eines der schönsten und bekanntesten Kunstwerke in der westlichen Welt. Vielleicht erwägen Sie, es gegen eine Belohnung zurückzugeben, obwohl dies Ihre Chancen erhöht, geschnappt zu werden. Sie könnten versuchen, es zu verkaufen, aber auch damit steigt die Gefahr, im Zuge der Transaktion geschnappt oder erpresst zu werden. Sie könnten es auch anonym zurückgeben, zusammen mit

ein paar Empfehlungen hinsichtlich der Sicherheitsvorkehrungen des Museums.

Ihre letzte Option ist, das Kunstwerk zu behalten.
Sollten Sie sich dazu entschließen, sorgen Sie für eine
zuverlässige Beleuchtungs- und Feuchtigkeitskontrolle
(um das Bild zu schützen) und umgeben Sie es mit dazu
passenden Möbeln.

*Falls Sie sich dazu
entscheiden sollten, das
Gemälde zu behalten,
dann sorgen Sie für
passende Beleuchtung,
Luftfeuchtigkeitsmesser
und ergänzen Sie es
durch erlesenes Mobiliar.*

Löschen Sie mit Wasserbomben einen Waldbrand

 Erforderliche Zeit

Planen Sie sechs Stunden pro Einsatz ein, zuzüglich Vorbereitungs- und Aufräumzeit.

 Hintergrund

Waldbrände mit Flugzeugen zu löschen ist ein besonders einfacher und effektiver Weg, Millionen Liter Wasser und Brandhemmer zu einem Großflächenbrand zu befördern, besonders wenn er schwer zugänglich ist und weit und breit keine Straße existiert.

Es gibt alle möglichen Wasserbomber, meist umgebaute Verkehrs- oder Militärflugzeuge, das Angebot reicht vom wuchtigen russischen Transportflugzeug bis zu kleinen Einsitzern und Hubschraubern. Welches

Fluggerät am besten funktioniert, hängt davon ab, wen man fragt, und von den Bedingungen, mit denen man es zu tun hat, aber eine der vielseitigsten und zuverlässigsten Maschinen ist das Martin-Mars-Flugboot.

Im Gegensatz zu anderen, vertrauteren Flugzeugtypen können die Mars-Flugboote (die ursprünglich als Langstrecken-Militärflugzeuge konzipiert waren) eine Ladung Brandhemmer über einem Brand abwerfen, auf einer günstig gelegenen Wasserfläche landen und neu beladen werden, ohne auch nur einmal zu anzuhalten, und binnen Minuten wieder über dem Feuer sein. Unter optimalen Bedingungen können sie alle 15 Minuten eine volle Ladung zum Feuer befördern.

 Anweisungen

1. Füllen Sie die Wassertanks

Sobald Sie wegen eines Feuers angerufen werden, starten Sie und nehmen Sie Kurs auf Ihre Wasserquelle. Bringen Sie die Mars wie für eine normale Wasserung herein, wobei Sie die Geschwindigkeit bis auf 110 km/h zurücknehmen, während der Bauch der Maschine durchs Wasser schneidet. Überlassen Sie dem Flugingenieur die Gashebel und stellen Sie den Kontrollhebel für die Schaufeln auf Ausfahren. Die Füllrohre zu beiden Seiten des Kiels nehmen etwa 1000 Liter Wasser pro Sekunde auf, während der Flugingenieur mit den Gashebeln nachreguliert, um das Flugzeug bei zunehmendem Gewicht auf Überfluggeschwindigkeit zu halten.

Nach etwa 25 bis 30 Sekunden ist der Bauch des Flugzeugs voll, also fahren Sie die Schaufeln ein und verlangen vom Flugingenieur Schub zum Abheben. Denken

Sie daran, dass die Maschine jetzt bis zu 30 Tonnen schwerer und daher unbequemer zu fliegen ist.

Sobald Sie oben und auf normaler Fluggeschwindigkeit sind, lassen Sie die Crew 120 Liter Brandhemmer-Konzentrat in die Wassertanks einspritzen. Die Vibration des Flugzeugs übernimmt das Untermischen, aber erst die durch den Abwurf ausgelöse wirbelnde Bewegung wird die Mischung, bevor sie auf das Feuer trifft, in Schaum verwandeln.

2. Lassen Sie sich auf das Feuer einweisen

Während Sie sich dem Feuer nähern, melden Sie sich beim Leiter der Löscharbeiten. Die Luftkontrolle wird Sie ins Zielgebiet leiten. Vielleicht gestattet man Ihnen, den Zielanflug ohne fremde Hilfe nach bestem Urteilsvermögen vorzunehmen, vielleicht aber leitet Sie auch ein Aufklärungsflugzeug der Luftkontrolle hin, falls die Bedingungen widrig sind.

Bei selbständigem Anflug sollten Sie einen Randbereich an der Spitze des Feuers oder so genannte »hotspots« anstreben, einzelne Feuer, die weit weg vom Hauptfeuer brennen und oftmals weitere Großfeuer entfachen.

Fliegen Sie mit dem Wind in das Zielgebiet. Melden Sie sich, wenn Sie noch ungefähr drei Minuten von der Abwurfstelle entfernt sind. Nehmen Sie allmählich Gas weg, bis Ihre Fluggeschwindigkeit etwa 225 km/h beträgt, und setzen Sie Ihre Höhe für den Abwurf auf etwa 66 Meter (200 Fuß) fest. In unebenem Gelände, besonders in einer hügeligen oder bergigen Gegend, müssen Sie Ihren Anflug eventuell korrigieren, um hochziehen und wegscheren zu können.

Seien Sie sich während des gesamten Feueranfluges

darüber im Klaren, wo sich die anderen Flugzeuge befinden. Sie müssen 150 Meter (500 Fuß) vertikalen
Mindestabstand zur nächsten Maschine wahren. Halten
Sie auch nach Leitungen Ausschau, obschon dies in einem
abgelegenen Gebiet wahrscheinlich kein Problem sein
wird. Leitungen sind der Flugzeugzerstörer Nummer
eins und leicht zu übersehen, während man gegen die
aus dem Feuer kommenden Aufwärtsströmungen und
Turbulenzen angeht, ganz zu schweigen von dem auf-
steigendem Rauch und Ruß.

3. Werfen Sie den Brandhemmer ab

Versuchen Sie, den Schaum etwa 70 bis 100 Meter vom
Ziel entfernt abzuwerfen. Der Brandhemmer wird im
Fallen schnell langsamer werden, auch wenn natürlich
die herrschenden Windverhältnisse eine Rolle spielen.
Öffnen Sie die Abwurfklappen und seien Sie darauf vorbereitet, dass das Flugzeug beim Abladen des Was-
sers/Schaums wahrscheinlich um mindestens 30 Meter
steigen wird.

Wenn Sie den Zielanflug beendet haben, schließen
Sie die Abwurfklappen. Ziehen Sie die Maschine hoch
und machen Sie Meldung, wenn Sie aus der Abwurfzone
heraus sind, damit der nächste Bomber einfliegen
kann.

4. Nachladen und auf ein Neues

Wiederholen Sie den Vorgang der Wasseraufnahme und
fliegen Sie zurück zum Feuer. Vergessen Sie nicht, sich
wieder anzumelden, und peilen Sie einen an die letzte
Abwurfzone angrenzenden Sektor an. Nur wenn sich die
beiden Sektoren teilweise überschneiden, kann der Abwurf seine maximale Wirkung entfalten. Richtig ausge-

*Bei einer Höhe von 200 bis 300 Fuß nähern Sie sich dem Feuer
mit einer vollen Ladung Wasser und Flammhemmer.
Zielen Sie damit auf einen Punkt 200 Fuß vor dem Feuer.*

führt, deckt jeder Abwurf etwa eineinhalb Hektar Land
ab. Bei guten Bedingungen und einer vollen Ladung
Konzentrat müssten Sie 21 Abwürfe in etwa sechs Stunden schaffen können.

Denken Sie daran, dass am Boden Löschmann-
schaften und Rauchspringer arbeiten. Seien Sie gegebenenfalls zu Kursänderungen bereit und kippen Sie auf
keinen Fall den Brandhemmer auf die Feuerwehrleute.
Er wird sie zwar nicht verletzen, aber ihre Tätigkeit
stören und die Ausrüstung verunreinigen.

Schalten Sie einen außer Kontrolle geratenen Atomreaktor ab

Was Sie unbedingt brauchen

- Einen Druckwasserreaktor (Pressurized Water Reactor; PWR)
- Konstruktionspläne für den Reaktor einschließlich der elektrischen Schaltpläne
- Ein Paar Gummihandschuhe und Schutzstiefel
- Augenschutz
- Hörschutz (Ohrschützer, -stöpsel oder Ohropax)
- Schutzhelm
- Drahtschneider

 Erforderliche Zeit

Ungefähr 30 Minuten.

 Hintergrund

Handelsübliche Atomreaktoren laufen in einem Zustand kontrollierten Gleichgewichts. Um Strom zu erzeugen, lässt man einen in den meisten Fällen mit Uran angereicherten nuklearen Kern heiß werden. Uran stößt Neutronen aus, die, wenn sie mit anderen Uran-Atomen zusammenstoßen, weitere Neutronen freisetzen, die ihrerseits auf weitere Uran-Atome treffen. Und so weiter und so fort. Wenn man genug Uran hat, das genug Neutronen auswirft, kann diese Kettenreaktion leicht außer Kontrolle geraten. (Geschieht dies sehr schnell und unter Druck, hat man eine Atomexplosion.)

Der Trick bei einem Reaktor besteht darin, die Neutronen so weit zu kontrollieren, dass das Material heiß wird, aber nicht überhitzt. Die Hitze des Kerns wird zu diesem Zweck in das den Kern umgebende Wasser geleitet. Das Wasser wird unter Druck gehalten, damit es heiß wird, ohne zu kochen. Deshalb spricht man bei diesem Reaktortyp von einem Druckwasserreaktor.

Das heiße Wasser lässt man im Innern des Reaktorbehälters in einem geschlossenen Kreislauf zirkulieren. Es läuft durch einen großen Behälter, einen so genannten Wärmetauscher, wobei es Wärme an das diesen Wärmetauscher umgebende Wasser abstrahlt, das sich wiederum in Dampf verwandelt. (Diese zwei Wasserversorgungen vermischen sich niemals.) Der Dampf wird zu Turbinen geleitet, die Generatoren antreiben und Strom erzeugen. Von dort kehrt der Dampf zu einer Kühlkammer zurück, wo er wieder zu Wasser kondensiert, bevor er zurück Richtung Wärmetauscher recycelt wird, um dort durch die Wärme des Reaktorwassers wieder in Dampf verwandelt zu werden. Jegliche überschüssige Wärme aus dem Prozess wird entweder in der Atmosphäre oder in einem nahe gelegenen Gewässer entsorgt.

Entscheidend ist der Balanceakt, die Temperatur des Kerns stabil zu halten. Wenn die Temperaturen zu hoch werden, »dämpft« man die Reaktion durch Einführen von neutronenabsorbierendem Material in den Kern, gewöhnlich in Form eines Stabes. Dies ist der so genannte

»Kontrollstab« (auch Steuer-, Regel-, Trimm- oder Ab-
schaltstab); er bindet Neutronen, die andernfalls eine
Fortsetzung der Kettenrekation bewirken würden.

Das Verfahren zur Schnellabschaltung eines Reaktors nennt sich SCRAM (vom englischen Wort *Scram:*
abhauen, verschwinden). Nach einer Anekdote steht
SCRAM für »safety control rod ax man«, also für einen
Mann mit einer Axt am Sicherheitskontrollstab. Die
Geschichte dahinter erzählt, dass der Kontrollstab des
Reaktors während der ersten, von Enrico Fermi durchgeführten Tests mittels eines Seils oberhalb des Kerns
gehalten wurde. Neben diesem Seil habe ein Mann mit
einer Axt gestanden. Bei einem Notfall oder im Zustand
des Leerlaufs im Kern sollte der Mann mit der Axt am
Sicherheitskontrollstab das Seil durchtrennen, um den
Stab in den Kern fallen zu lassen, und den Reaktor somit
durch Neutronenabsorbtion sowie eine Dämpfung und
Verlangsamung der Kettenreaktion herunterfahren.

 Anweisungen

---

1. Manuelle Einführung

Ein kritischer Zustand in einem Atomreaktor wird Ihnen
nicht verborgen bleiben. Sobald der Reaktor in Schwierigkeiten gerät, ertönen im Kontrollraum die Alarmsirenen.

Der einfachste und direkteste Weg, das Problem zu
beheben, besteht darin, die dämpfenden Stäbe des
Kerns, die meist aus Bor bestehen, weit genug in den
Kern einzuführen, um die Reaktion abzustellen. Bor ab-
sorbiert Neutronen sehr wirkungsvoll, wodurch die Reaktion verlangsamt und gestoppt wird. Dies darf nicht mit

dem Kühlen des Kern verwechselt werden. Bis die restliche Wärme verschwunden ist, dauert es viele Stunden.

Benutzen Sie zur Absenkung der Stäbe in den Kern das manuelle System des Reaktors und setzen Sie sie vollständig ein.

2. Fluten Sie den Kern

Um sicher zu gehen, fluten Sie den Reaktorkern mit flüssigem Dämpfer. Leiten Sie die Freisetzung des Dämpfers erneut von den Steuerpulten des Reaktors aus ein. Diese Flüssigkeit ist kaum mehr als Wasser, dem Bor in einer Konzentration von 2000 zu einer Million zugegeben wurde. Dies wird die Reaktion weiter unterdrücken, und sobald das Bor aus dem Kern gespült worden ist, kann der Reaktor wieder angefahren werden.

3. Direkte Aktion

Die obigen Anweisungen 1 und 2 gehen davon aus, dass Sie leichten Zugang zu den Kontrollsystemen des Reaktors haben und diese uneingeschränkt funktionieren. Ist dies nicht der Fall, müssen Sie zu brutaleren Mitteln greifen.

Eine der Schutzvorrichtungen in einem Druckwasserreaktor ist eine moderne Version des Mannes mit der Axt. Die Kontrollstäbe für einen solchen Reaktor werden durch die ständige Stromzufuhr zu den Motoren, die die Stäbe stützen, außerhalb des Kerns gehalten. Im Falle eines größeren Defekts zieht die Schwerkraft die Stäbe bis in den Kern hinein. Dies ist ein Standardmerkmal bei modernen Reaktoren, bekannt als Pannensicherungsmechanismus. Pannensicherung bedeutet bei diesen Reaktoren, dass im Falle eines Systemversagens eine spezielle mechanische Komponente dieses Systems in eine sichere Position gerät. Den Motoren des Kontrollstabs den Strom abzustellen ist also der endgültige Weg und sozusagen die letzte Rettung.

Die Stabmotoren werden aus einer so genannten normalen Quelle mit Strom versorgt, einer Standardstromversorgung, die üblicherweise aus dem Netz der gewerblichen Elektrizitätswerke gespeist wird. Gesichert wird diese Quelle durch eine Notversorgung, entweder aus einem mit Diesel betriebenen Generator, einer Batterie oder beidem.

Setzen Sie, bevor Sie sich an die Arbeit begeben, Ihren Schutzhelm auf, ziehen Sie Ihre Stiefel und Handschuhe an und benutzen Sie Augen- und Ohrenschutz. Machen Sie die Schalttafeln für Normal- und Notstrom zur Versorgung der Kontrollstab-Motoren ausfindig. Öffnen Sie die Tafeln, lokalisieren Sie die Schutzschalter für die Stabmotoren und schalten Sie sie auf »Off«. Sollten sie verriegelt sein, entfernen Sie mit einem isolierten Schraubenzieher die Abdeckungen und Zugänge der Schalttafel und beachten Sie die Drähte, die von den Schutzschaltern (die sich links oder rechts befinden) abgehen.

Stellen Sie fest, ob es sich um 120-, 208- oder 480-Volt-Stromkreise handelt. Diese Information finden Sie auf den Stromtafeln oder auf dem Schaltplan im Innern. Ziehen Sie die Schutzhandschuhe an. Kappen Sie die Strom führenden Drähte, die die Motoren versorgen – erst die für Normalstrom, dann die für Notstrom.

Im Falle von 120 Volt kappen Sie zuerst die schwarzen Drähte, dann die weißen. Bei 208 Volt fangen Sie mit den schwarzen, roten und blauen Drähten an, gefolgt von den weißen. Bei 480 Volt kneifen Sie die braunen, orangefarbenen und gelben Drähte ab, dann die grauen. Die weißen oder grauen Drähte sind die neutralen Leitungen im Kreislauf. Kappen Sie nicht die grünen oder blanken Kupferdrähte. Die sind für die Erdung zuständig und ein Teil der Sicherheitssysteme, die Sie davor bewahren, durch einen Stromschlag getötet zu werden.

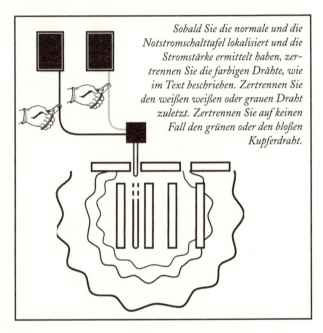

Sobald Sie die normale und die Notstromschalttafel lokalisiert und die Stromstärke ermittelt haben, zertrennen Sie die farbigen Drähte, wie im Text beschrieben. Zertrennen Sie den weißen weißen oder grauen Draht zuletzt. Zertrennen Sie auf keinen Fall den grünen oder den bloßen Kupferdraht.

Siegen Sie in einem Stierkampf

Was Sie unbedingt brauchen

- Einen etwa vier Jahre alten Kampfstier mit einem Gewicht zwischen 600 und 1000 kg. Der Stier darf über keinerlei vorherige Erfahrung im Kampf mit einem Menschen zu Fuß verfügen. Der Ausdruck »Kampf« bezieht sich auf die Stierart, die wegen ihrer Kampfeslust gezüchtet wird, und das Verhalten des Stiers. Jeder Stier wird vor dem Stierkampf beobachtet, um seine Aggressivität einzuschätzen.
- Einen *traje de luces* (»Lichteranzug«) – die von dem Stierkämpfer getragene eng sitzende Tracht, die für Sie in Sevilla oder Mexico City maßgeschneidert wird
- Eine *muleta* – das schmale, rote Tuch an einem Stock, das in der Schlussphase des Kampfes benutzt wird

 Erforderliche Zeit

Planen Sie eine Stunde für den Kampf ein, einschließlich Präliminarien, Vorstellung, Einzug in der *plaza de toros* und die Aktivitäten nach dem Sieg.

Die *corrida* (Stierkampf) ist gleichermaßen Unterhaltung und Zurschaustellung von Geschick und Wagemut. Sie testet Mensch und Tier (den Stier und die von den *picadores* – Reitern, die den Stier mit Lanzen provozieren – benutzten Pferde) in einem Wettbewerb von Schnelligkeit, Intelligenz und unverhohlener Brutalität. Der *matador*, der Star der Stierkampfwelt, ist in seinem *traje de luces* wunderbar gekleidet und umtänzelt den Stier beinahe, der seinerseits sein Bestes tut, um den *matador* oder jeden anderen, der ihm im Weg steht, aufzuspießen oder zu töten.

Die Stiere werden auf Kraft, Schnelligkeit und Angriffslust hin gezüchtet, und das Ergebnis dieser jahrhundertealten Praxis sind Tiere, die eine echte Erfolgschance gegen den *matador* haben. Sie werden unter Bedingungen aufgezogen, die denen in freier Natur sehr nahe kommen. Normalerweise streifen diese Stiere über Tausende von Morgen, die ihnen allein vorbehalten sind. Nur einmal vor der *corrida* begegnen sie einem Menschen, der Schnelligkeit, Können und Eignung des Tieres für den Kampf testet.

Der Stierkampf kam im Mittelalter auf, damals kämpften spanische Adlige vom Pferd aus gegen Stiere. Der heutige Stierkampf entstand im Laufe der Zeit als eine Alternative des armen Mannes. Ein Pferd war teuer im Unterhalt, und die wenigsten Leute hatten Zugang zu einem Pferd, von dem sie es sich leisten konnten, es eventuell im Stierkampf zu verlieren. Deswegen begannen *matadores*, zu Fuß gegen Stiere zu kämpfen.

Das Wesen einer *corrida* – ob großartige kulturelle Tradition, Sport oder einfach nur brutale Show – ist

Thema einer andauernden Debatte, aber vielleicht sollte man auch nicht außer Acht lassen, dass die Stiere gegen den *matador* eine bessere Chance haben als gegen eine Fleischverpackungsmaschine.

 ## Anweisungen

1. *Paseillo* – Einzug und Einleitungen

Bevor es losgeht, müssen Sie Zeit für die Anfertigung eines *traje de luces* einkalkulieren. Diese speziellen Stierkampfkostüme sind maßgeschneidert, um straff zu sitzen, ohne die Bewegungsfreiheit einzuschränken. Ein Matador muss schnelle und elegante Bewegungen vollführen können und dabei immer gut aussehen. Alle hier beschriebenen Artikel können im spanischen Sevilla oder in Mexico City erstanden werden. (Zur Not kann ein guter Schneider Ihrer Wahl wahrscheinlich einen passenden Ersatz liefern.) Um Ihren *traje de luces* fertigzustellen, brauchen sechs Leute ungefähr einen Monat, und er kostet Sie bis zu 500 000 Peseten (gut 3 000 Euro).

Ein *traje de luces* wird normalerweise aus Satin gemacht und mit goldenen Pailletten und Applikationen verziert. Die Anzüge Ihrer Helfer werden silbern geschmückt werden. Die Farbwahl bleibt größtenteils Ihnen überlassen. Aber verwenden Sie kein Gelb, da es nach allgemeinem Glauben Pech bringt.

Kaufen Sie sich ein weißes Hemd und eine schmale schwarze Krawatte, eine um die Taille zu tragende Schärpe (die normalerweise rot, grün oder schwarz ist), rosafarbene Kniestrümpfe und schwarze Slipper (ähnlich jenen, die von Ballerinen getragen werden). Schließlich werden Sie einen *astrachan* brauchen, den typischen schwarzen Zweispitz, und einen Zopf. Den Zopf klemmen Sie am Hinterkopf fest, er weist Sie als *matador* aus. Beendet ein Matador seine Karriere, wird ihm in seinem letzten Kampf der Zopf abgeschnitten.

Ziehen Sie als Teil der Parade der Wettkämpfer und *alguacilillos* (»Platzräumer«) in die *plaza de toros* ein. Begrüßen Sie den *corrida*-Präsidenten. Er ist der für den Kampf verantwortliche Offizielle und wird Entscheidungen sowohl über den Verlauf der *corrida* als auch die Zuerkennung von Trophäen fällen.

Vielleicht kämpfen vor oder nach Ihnen andere *matadores*. Verlassen Sie die *plaza*, bis Sie an der Reihe sind. Das *corrida*-Personal gibt Ihnen Bescheid, wenn Sie dran sind.

2. Wärmen Sie sich auf und schätzen Sie den Stier ein

Ein Hornsignal verkündet den Anfang Ihres Kampfes (und später den Beginn der zweiten und dritten Kampfphase). Betreten Sie zusammen mit Ihrem Team das Rund der Arena. Der Präsident wird dem *alguacilillo* die Schlüssel zu dem Gehege mit dem Stier zuwerfen und dann mit einem weißen Tuch winken, um zu signalisieren, dass der Kampf beginnen möge.

Capeadores (Lakaien) werden den Stier mit großen goldenen und magentaroten Umhängen/Capas *(capotes)* aufwärmen. Sieht es danach aus, als habe der Stier keine Lust zu kämpfen, lässt der *corrida*-Präsident ihn vielleicht wegbringen und durch einen anderen ersetzen. Er wird dies mit einem grünen Tuch signalisieren. Während Sie warten, nutzen Sie die Zeit, um neben Schnelligkeit und Kraft auch Verhalten und Neigungen des Tieres einzuschätzen, beispielsweise ob es bei seinen Angriffen ein bestimmtes Horn bevorzugt oder die Hörner am Ende einer Figur hin und her schwingt. Jedes unberechenbare Verhalten des Stieres erhöht Ihr Risiko, verletzt oder getötet zu werden.

3. Schwächen Sie den Stier

Stiere sind intelligente Tiere, manchen zufolge erheblich klüger als Pferde. Wenn die *picadores* in der *plaza* Einzug halten, werden ihren – ohnehin gepolsterten – Pferden daher die Augen verbunden. Andernfalls würden die Pferde sich weigern, sich mit dem Stier einzulassen, während der Stier keinen solchen Widerwillen hegt.

Aufgabe des *picador* ist es, den Stier zum Angriff zu reizen, wobei er ihn mit einer Lanze in den Nacken sticht, um die dortigen Muskeln zu schwächen. Es geht nicht darum, den Stier zu töten oder seine Kampffähigkeit zu mindern, vielmehr soll der Stier veranlasst werden, den Kopf zu senken und gerade zu halten, falls er dazu neigt, sich an der einen oder anderen Seite festzuhaken. Ein schlechter *picador* ist, wer zu tief einsticht oder übermäßiges Bluten verursacht, weil dies den Stier schwächt und den Wettkampf zu seinen Ungunsten verzerrt.

Im Anschluss an die *picadores* ist es an der Zeit, die *banderillas,* kurze, mit Widerhaken versehene Pfeile, an denen bunte Bänder befestigt sind, im Nacken des Stiers zu setzen. Wie die Lanzen der *picadores* sollen auch die Pfeile den Stier veranlassen, seinen Nacken zu straffen und den Kopf zu senken. Das Setzen der Pfeile können die *banderilleros* übernehmen, die jeweils zwei Pfeile anbringen. Sie dürfen es aber auch selbst tun. In dem Fall nähern Sie sich dem Stier schräg von der Seite mit einem Pfeil in jeder Hand.

Wichtige Anmerkung: Die Art und Weise, wie Sie sich dem Stier nähern und die Pfeile setzen, ist ein Hinweis auf Ihren Mut und Ihr Geschicklichkeit. Nähern Sie sich ihm in einem spitzen Winkel, hat der Stier eine bessere Chance, Sie anzugreifen. Ebenso geben Sie dem Stier um so mehr Zeit zu reagieren, je höher Sie beim Anbringen der Pfeile die Arme heben.

Wenn Sie meinen, außerordentlich tapfer und flink zu sein, gehen Sie gar nicht auf den Stier zu. Stehen Sie unbeweglich und lassen Sie den Stier Sie angreifen, täuschen Sie links oder rechts an, um das Tier zum Narren zu halten, weichen Sie dann in die entgegengesetzte Richtung aus und setzen Sie einen Pfeil, wenn der Stier vorbeistürmt. Das Setzen eines Pfeils erfordert Geschicklichkeit; stechen Sie mit der Pfeilspitze nicht zu tief in die Haut des Stiers, da dies eine größere Verletzung verursacht als nötig oder wünschenswert. Es handelt sich hierbei um ein extrem riskantes Manöver.

Insgesamt sollten sechs Pfeile gesetzt werden, normalerweise drei auf jeder Seite des Stiers, und sie sollten nicht so fest eingestochen werden, dass sie steif von dem Tier abstehen. Dies mindert vom Standpunkt der Zuschauermenge aus die Qualität des Wettkampfes.

4. *Tercio del muerte*

Die Schlussphase eines Stierkampfes ist der *tercio del muerte*. Bedeuten Sie zu diesem Zeitpunkt allen Angehörigen Ihres Teams, den *picadores* und *banderilleros,* die *plaza* zu räumen. Der letzte Akt gehört nur Ihnen und dem Stier.

Grüßen Sie mit Ihrem *astrachan* den Präsidenten und bitten Sie um die Erlaubnis zu beginnen. Wenn Sie möchten, können Sie dem Stier jemandem im Publikum widmen.

Ihr jetziges Ziel besteht darin, den Stier zum Angriff auf Sie zu verleiten. Sie werden mit einer *muleta* (der schmalen roten Capa, durch deren oberes Ende ein hölzerner Stock läuft) und einem Degen arbeiten. Im Gegensatz zum populären Mythos greift der Stier kein rotes Tuch an (übrigens auch nichts anderes Rotes – Stiere sind farbenblind). Der Stier ist wütend und darauf aus, sein Territorium zu verteidigen, und geht direkt auf den *matador los,* beziehungsweise auf die Stelle, wo er den *matador* vermutet. Die großen und kleinen Capas, die bei einer *corrida* benutzt werden, sollen den Stier diesbezüglich verwirren, weshalb sie mit besonders großem Geschick geschwenkt werden sollten. Wird der Stier beispielsweise während eines Ansturms Ihrer Beine ansichtig, steuert er vielleicht auf Sie selbst zu, statt geradeaus auf die *muleta* zu stürmen.

Beurteilt werden hauptsächlich Ihre Bewegungen und Ihre Fähigkeit, den Stier zu kommandieren und zu kontrollieren. Entscheidend ist, dass Sie in der Lage sind, den Stier dazu zu bringen, loszustürmen, und mit welcher Eleganz Sie dem Stoß entgehen. Sie müssen sich bewegen wie ein Tänzer, beinahe posieren und all Ihren Bewegungen Anmut verleihen. Setzen Sie beim Ausweichmanöver ein Minimum an Beinarbeit ein und stellen Sie stattdessen Ihr Geschick im Umgang mit der *muleta* unter Beweis. Sorgen Sie dafür, dass der Stier darauf losgeht, sie aber nicht erwischt. Reißen Sie sie im letzten Moment nach oben, über ihn hinweg oder zur Seite.

Es gibt etwa 40 verschiedene Figuren, die Sie mit der *muleta* vollführen können, je nach Standort des

Stiers, von welcher Seite er Ihnen entgegeneilt, Ihrer Ausrichtung und vor allem Ihrer Geschicklichkeit. Die beiden grundlegendsten Figuren sind die rechtshändige Figur, bei der Sie Ihren Degen benutzen, um die *muleta* senkrecht zur Laufrichtung des Stiers zu verlängern, und die linkshändige »Natürliche«. Die Natürliche ist vielleicht die gefährlichste Figur. Sie müssen den Stier nahe an Ihren Körper bringen, sich langsam drehen, während der Stier vorbeistürmt, und das Tier zwingen, Sie zu umrunden. In einer Reihe mit anderen Bewegungen ausgeführt, drehen Sie den Stier so hin und her um sich herum. Reißen Sie als zusätzliche Note am Schluss einer Reihe die *muleta* hoch und versuchen Sie das Tier dazu zu bewegen, die Hörner nach oben zu stoßen.

Bei sämtlichen Figuren müssen Sie den Stier ununterbrochen genauestens im Auge behalten. Im Laufe des Kampfes wird er näher an Sie herankommen und immer besser begreifen, wie der Wettkampf funktioniert. Ein kluger Stier wird schnell auf jede Nachlässigkeit Ihrerseits reagieren – und Sie dabei töten.

Mit jeder erfolgreichen Figur schwächen Sie den Stier. Das Nachlassen seiner Kräfte werden Sie daran erkennen, dass er weniger aggressiv wird und langsamer und weniger häufig gegen Sie anrennt. An diesem Punkt ist es Zeit für die Tötung. Tauschen Sie Ihren Kampfdegen, der nur ein Instrument ist, um den Stier anzuspornen, gegen den Tötungsdegen.

Sobald der Stier aufhört, offen auf Sie loszugehen, nähern Sie sich ihm frontal und zielen Sie mit dem Degen auf eine Stelle hoch oben zwischen den Schulterblättern. Die Vorderhufe des Stiers müssen zusammenstehen, andernfalls trifft der Degen den Knochen. Der Kopf muss nach unten gerichtet sein. Während Sie auf den Stier zugehen, senken und heben Sie die *muleta*, um die Aufmerksamkeit des Stiers weiter zu fesseln. Kurz bevor Sie den tödlichen Stoß anbringen, lassen Sie die Capa zu Boden fallen. Wenn Sie langsam oder unbeholfen sind, kann es sein, dass der Stier sich von der *muleta* weg wieder Ihnen zuwendet; in diesem Fall sind Sie in ernster Gefahr.

Korrekt ausgeführt, durchtrennt der Degenstoß die Aorta des Stiers und führt zu einem raschen Tod. Sollte der Stier noch aggressiv sein und auf Sie losstürmen, zielen Sie auf dieselbe Stelle. Dieses Manöver, genannt *recibiendo*, ist allerdings sehr gefährlich.

Während Sie sich dem Stier nähern, heben und senken Sie Ihre »muleta«, um seine Aufmerksamkeit zu bekommen.
Im entscheidenden Moment senken Sie die »muleta« und stoßen das Schwert zwischen seine Schultern.

5. Feier

Wenn Sie gut waren und die Tötung anmutig, schnell und sauber vollzogen haben, wird die Menge in der *plaza* ihrer Anerkennung Ausdruck verleihen. Drehen Sie eine Ehrenrunde. Das Publikum wird Sie mit Blumen, Hüten, Sitzkissen und fast allem, was gerade zur Hand ist, überschütten. Je lauter der Beifall, desto besser. Wenn die Menge wirklich zufrieden ist, werden weiße Taschentücher geschwenkt werden. Schließt sich der Präsident der Ansicht des Publikums an, wird er Ihnen vielleicht eine Trophäe zuerkennen, normalerweise eines der Ohren des Stieres oder beide und den Schwanz.

Falls sich der Stier als außergewöhnlich stark erweist, einen guten Kampf bietet und Sie ihn nicht töten können, wird er verschont und für den Rest seines Lebens in einen Zuchtbetrieb geschickt. Vielleicht erachten die Zuschauer Ihre Leistung dennoch für preiswürdig. Es ist durchaus schon vorgekommen, dass der Stier dem *matador* zugesprochen wurde; in solch einem Fall können Sie ihm in Ihrem eigenen Zuchtbetrieb oder einem Betrieb Ihrer Wahl den wohlverdienten Ruhestand gönnen.

Befreien Sie Vermisste aus einem Kriegsgefangenenlager

Was Sie unbedingt brauchen

- Ein Kriegsgefangenenlager mit bewaffneten Posten, Zäunen und Suchscheinwerfern
- Einen Stoßtrupp (20 bis 30 Mann), ausgebildet für das Eindringen in feindliches Territorium und entsprechend ausgerüstet und bewaffnet (größtenteils ist dieselbe Ausrüstung verwendbar wie in *Führen Sie eine Geiselbefreiung mit einem SWAT-Team durch*, S. 17)
- Zwei Scharfschützenteams von je zwei Mann
- Drei Sanitäter
- Zwei MH-53J IIIE Pavelow-Helikopter; jede Maschine kann bis zu 38 Personen befördern. Die tatsächliche Anzahl eingesetzter MH-53 hängt von der Größe des Stoßtrupps und der Anzahl der zu befreienden Gefangenen ab.
- Drei Longbow-Apache-AH-64-Kampfhubschrauber
- Hubschrauber-Besatzungen (zwei Piloten, zwei Flugingenieure und zwei Bordschützen pro Pavelow, einen Piloten und einen Bordschützen pro Apache)
- Echtzeit- oder Beinahe-Echtzeit-Informationen durch Aufklärung und Geheimdienste einschließlich Satelliten- und Luftaufnahmen sowie Informationen, die aus den Quellen am Boden gesammelt werden

- Je nach Entfernung zwischen befreundetem Luftraum und Gefangenenlager Flugzeuge zum Auftanken in der Luft; wenn Sie mehr als 1000 km zurücklegen, müssen Sie unterwegs auftanken.

 ## Erforderliche Zeit

Kalkulieren Sie 90 Tage für Planung, Training und einleitende Maßnahmen ein. Für die Mission selbst einschließlich Ankunft aus der Luft, Vormarsch und Eindringen in das Lager sowie Befreiung der Gefangenen müssen sechs Stunden reichen. Gehen Sie von maximal 30 Minuten Aufenthalt im Lager aus.

 ## Hintergrund

Verschiedenen Quellen zufolge gibt es mehrere hundert US-Amerikaner (Armee, Marine, Luftwaffe und Marines) aus verschiedenen Kriegen, deren Verbleib nicht geklärt ist, so genannte MIAs (»missing in action«) – Soldaten, die nach einem Kampfeinsatz vermisst werden. Obwohl Überreste zahlreicher vermisster Soldaten identifiziert wurden, gibt es Belege dafür, dass lange nach dem Ende der jüngsten Konflikte immer noch einige Amerikaner am Leben sind und sich in Gefangenschaft befinden.

Die Befreiung von Kriegsgefangenen ist nichts Neues in der Militärgeschichte. Vor langer Zeit wurden Kriegsgefangene freigekauft, obwohl dies normalerweise nur Adlige betraf. Gegen Ende des Zweiten Weltkriegs entsandten alliierte Streitkräfte B-17-Bomber, um Kriegsgefangene aus deutschen Lagern in der Nähe von Ploesti, Rumänien, herauszuholen, bevor die Rote Armee eintraf. Während des Vietnamkrieges scheiterte eine Aktion zur Befreiung von Amerikanern bei Son Tay, weil die Gefangenen verlegt worden waren. Und der letzte große Befreiungsversuch, der fehlgeschlagene Abstecher in den Iran zur Befreiung amerikanischer Geiseln aus der besetzten US-Botschaft in Teheran, endete für die beteiligten Truppen in einer Katastrophe: Es gab hohe Verluste, gerettet wurde niemand.

Dennoch kann eine sorgfältig geplante, gut informierte Mission mit den richtigen Ressourcen und einer erfahrenen Truppe durchaus in fremdes und sogar feindliches Territorium eindringen und Gefangene befreien, solange sie nur richtig unterstützt wird und man kein Problem damit hat, sich an etwas zu beteiligen, das im Grunde genommen einen kriegerischen Akt darstellt.

Um zu vermeiden, dass die Befreiung zu einem großen Flächenbrand ausweitet, kann sie auch von privater Seite betrieben und finanziert werden. Angesichts der Risiken einer solchen Aktion ist dies wahrscheinlich das beste Szenario.

 Anweisungen

1. Planung und Aufklärung

Identifizieren Sie das Ziel. So simpel diese vier Wörter klingen mögen: Kriegsgefangene ausfindig zu machen, die seit längerer Zeit festgehalten werden, ist ein größeres Unterfangen. Möglicherweise wurden sie in die ansässige Bevölkerung integriert, aber selbst wenn nicht, tragen sie ganz sicher keine typische Gefangenenkluft.

Satelliten- und Luftbilder sind ein guter Anfang. Aufnahmen russischer Spionagesatelliten sind auf dem freien Markt erhältlich, doch empfiehlt sich der Rückgriff auf amerikanische Ressourcen. Verwenden Sie nur Bilder mit einer Auflösung von einem Meter oder weniger pro Punkt. Machen Sie außerdem Gebrauch von Quellen und Kontakten am Boden, um Informationen, Gerüchte und andere Datenschnipsel zu sammeln, die Ihre Bemühungen unterstützen.

Sobald Sie sich eine genaue Vorstellung vom Standort des Lagers gemacht haben, benutzen Sie Ihre lokalen Kontakte, um das Gebiet auf spezifische Anhaltspunkte hin zu beobachten.

2. Ressourcenbeschaffung

Sobald Sie eine klare Vorstellung von dem Problem haben, mit dem Sie konfrontiert sind, sollten Sie veranschlagen, wie viel Menschen, Material und Unterstützung sie benötigen, um die Aufgabe zu erledigen.

Entscheidend ist ein gut ausgebildetes Team, das von Lufttransport- und Angriffskapazitäten unterstützt wird. Sie werden vielleicht rasch und unauffällig in das Gebiet des Kriegsgefangenenlagers vorstoßen, aber die Umstände können dafür sorgen, dass Ihr Abzug weit weniger unauffällig vonstatten geht, wozu auch die Bindung oder Bekämpfung feindlicher Soldaten, Luftabwehrstellungen und sogar feindlicher Flugzeuge gehören kann.

Sämtliche Ausrüstung – einschließlich Pavelow-Helikopter, Kampfhubschrauber und ausgebildete Stoßtrupps, die von einer befreundeten Regierung geliefert werden – muss von nationalen Hoheitsabzeichen, Bezeichnungen und Markierungen der Einheit, Kennnummern, persönlichem Eigentum (Brieftaschen, Armbanduhren, Briefen etc.) befreit werden. Angesichts des florierenden internationalen Waffenhandels und der gewaltigen Verfügbarkeit ausgebildeter Soldaten, die bereit sind, als Söldner zu operieren, sollte die Beschaffung von Waffen, Fluggerät oder Soldaten ein Leichtes sein.

Alle beteiligten Personen müssen freiwillig mitmachen. Stellen Sie, wenn möglich, ein Team zusammen, das über Teamerfahrung verfügt und die von den Wachen in dem zu erstürmenden Lager gesprochene Sprache beherrscht.

Haben Sie Ihr Team beisammen, bringen Sie es in Aufstellung und trainieren sie die Befreiung unter Bedingungen, die den zu erwartenden Umständen so ähnlich wie möglich sind. Benutzen Sie die Aufklärungsfotos, um das Lager sowie das umliegende Gebiet nachzubilden und die geplante Aktion in voller Montur und Echtzeit durchzuspielen. So erkennen Sie grundlegende Mängel und können notwendige Korrekturen und Anpassungen vornehmen.

3. Schnelles Eindringen

Alle Soldaten und sämtliches Fluggerät sollten auf einem »befreundeten« Flugplatz außerhalb der Grenze des Ziellandes zusammengezogen werden, so nahe, wie es vernünftigerweise möglich ist und eine heimliche Annäherung ermöglicht. Meiden Sie Pfade, die zu nahe an Radarstationen, militärischen Einrichtungen oder großen Ballungsgebieten verlaufen. Unebenes Gelände und Berge sind sehr nützlich, um Ihren Vorstoß menschlichen Blicken und elektronischer Überwachung zu entziehen.

Um nicht entdeckt zu werden, verlegen Sie Ihre Soldaten in kleinen Gruppen in das befreundete Land. Sie sollten in Zivil reisen und Verkehrsflugzeuge benutzen und zwecks Akklimatisierung und Vorbereitung sollten alle ein paar Tage vor dem Tag X auf dem Flugplatz eintreffen. Unterkünfte und Trainingsgelände sollten vor möglichen Beobachtern abgeschirmt sein.

Planen Sie den Überfall für die Nacht, etwa um die Zeit des Neumonds, wenn es am dunkelsten ist. Falls das Wetter mitspielt, treffen Sie Vorkehrungen für einen wolkenverhangenen Himmel. Instruieren Sie Ihre Soldaten, früh an dem für die Aktion vorgesehenen Tag ihre Ausrüstung zusammenzupacken und sämtliche Geräte zu überprüfen. Sobald alles fertig ist, essen Sie tüchtig. Vergessen Sie nicht, vor dem Aufbrechen ein letztes Mal die aktuellen Meldungen zu überprüfen. Jede Veränderung im Lager oder im Verhalten der Wachen könnte ein Hinweis darauf sein, dass sie Ihre Absichten kennen und womöglich Ihre Pläne durchkreuzen.

Die Eskorte aus Helikoptern und Kampfhubschraubern sollte nach Zeitplan abheben und entlang der festgelegten Flugroute der Höhenlinie am Boden folgen. Halten Sie eine Höhe von 15 bis 30 Metern (50 bis hundert Fuß), je nach Baumbewuchs und anderen Hindernissen. Arbeiten Sie für die MH-53 einen parallelen, jedoch leicht gestaffelten Kurs aus, während die Apaches die Spitze bilden und den Transporthubschraubern Flankenschutz geben.

Die MH-53 sind groß und robust und in ihrer umgerüsteten Pavelow-Version bemerkenswert gut geeignet für unauffällige Aktionen. Die ursprünglichen MH-53 (besser bekannt als Jolly Green Giants) bewährten sich in Vietnam bei der Rettung abgeschossener Piloten. Die nachgerüsteten Versionen sind vor allem für ein tiefes Eindringen in stark verteidigten Luftraum konstruiert, wobei Radar, um das Gelände abzutasten, Infrarotsensoren, das globale Satelliten-Navigationssystem GPS und anderes Gerät zum Einsatz kommen. Außerdem sind sie schnell (265 km/h), gepanzert und gut bewaffnet (verwenden Sie die Ausführung mit drei 7,62-mm-Bordkanonen). Die Apaches wiederum gelten als äußerst erfolgreich und als die weltweit führenden Angriffshubschrauber.

Wenn Sie sich dem Einsatzgebiet nähern, vermindern Sie die Flugeschwindigkeit der Helikopter. Lassen Sie die Apaches rings um das Gebiet Patrouillenpositionen einnehmen und etwaige Bedrohungen mittels Infrarot- und Nachtsichtsystemen identifizieren. Landen Sie die MH-53, setzen Sie Ihre Stoßtrupps ab und lassen Sie die Helikopter anschließend wieder abheben. Alle fünf Maschinen werden sich in eine Warteposition zurückziehen und abwarten, bis Sie Unterstützung und Abholung anfordern.

Die Stelle, an der Ihre Männer abgesetzt werden, sollte je nach Gelände und Blickrichtung etwa anderthalb Kilometer von dem Lager entfernt sein. Eine regnerische Nacht wird den Lärm der Helikopter besser verhüllen, weshalb Sie näher heran könnten. Die Teams werden sich sammeln und in zwei getrennten Gruppen auf das Lager vorrücken, während Kundschafter vorab jegliche Hindernisse beseitigen.

4. Ausschalten von Hindernissen und Bedrohungen

Von der Anlage des Lagers, dem Aufenthaltsort der Gefangenen und Ihrem Zugangspunkt sollten Sie bereits eine klare Vorstellung haben. Gehen Sie zunächst heimlich zu Werke, schneiden Sie Drähte durch und verschaffen Sie sich so leise und unauffällig wie möglich Zugang zum Lager. In eine Einrichtung dieser Art einzudringen ist nicht besonders schwierig, da Kriegsgefan-

Setzen Sie Ihre Sturmtruppe etwa eine Meile in Windrichtung von dem Lager ab. Die Truppe sollte sich hinter vorausgeschickten Spähern in zwei Gruppen nähern.

genenlager normalerweise dazu gebaut sind, Leute drinnen und nicht draußen zu halten.

Ein Stoßtrupp wird die Wachen beseitigen, das heißt, sie überwältigen – tödliche Gewalt ist das letzte Mittel –, und alles zerstören, was es der Gegenseite ermöglichen könnte, Hilfe zu rufen: sämtliche Funkgeräte, Computer, Telefonleitungen (schneiden Sie sie durch) und Handys.

Sobald die Lagerzone sicher ist, stoßen Sie weiter zu den Häftlingsbereichen vor und beginnen Sie, sich der Kriegsgefangenen zu bemächtigen. Geben Sie sich den Gefangenen unbedingt als Freund zu erkennen, der hier ist, um ihnen zu helfen. Vergewissern Sie sich, dass sie begreifen, dass Sie sie nach Hause bringen, aber lassen Sie Vorsicht walten. Sie wissen nicht, in welcher Gemütsverfassung sich die Gefangenen befinden und wie stabil sie innerlich sind. Viele Gefangene erleben nach langem Eingesperrtsein allmählich einen Zustand der Empathie für diejenigen, die sie gefangen genommen haben, und sollten anfangs nicht unbeaufsichtigt gelassen werden.

5. Weitermarsch zur Landezone

Beordern Sie Ihre Transporthubschrauber an einen Abholpunkt im Lager oder in dessen unmittelbarer Nähe. Sie können nicht davon ausgehen, dass die Gefangenen kräftig genug sind, bei Nacht größere Entfernungen durch unebenes Gelände zurückzulegen, daher müssen Sie ihre Mitfluggelegenheit zu ihnen bringen.

Verlegen Sie Ihr Team und die Gefangenen in die Abholzone. Stellen Sie für die Transporthubschrauber,

Setzen Sie alle Wachen außer Gefecht und befreien die Gefangenen.

die einzeln landen und jeweils eine gemischte Gruppe aus Gefangenen und Angehörigen der Stoßtrupps aufnehmen werden, ein tragbares Signalfeuer zur Orientierung auf. Lassen Sie die Apaches den Rand der Zone umkreisen, von wo sie notfalls Deckung geben.

6. Flucht

Sobald die Transporthubschrauber voll beladen sind und der Verbleib aller Truppmitglieder geklärt ist, folgen Sie Ihrer Abflugroute aus dem Gebiet heraus in den befreundeten Luftraum und erregen Sie wie beim Eindringen möglichst wenig Aufsehen. Vergessen Sie nicht, gegebenenfalls nochmal in der Luft aufzutanken.

Fangen Sie einen Weißen Hai

Was Sie unbedingt brauchen

- Einen großen Weißen Hai – Südafrika, Südaustralien, die Kanalinseln und die Gewässer auf der Höhe der kalifornischen Seehundkolonien sind die besten Orte, um einen ausfindig zu machen.
- Taucheranzug, Maske, Flossen und Schnorchel
- Ein großes Boot für tiefe Gewässer (12 bis 15 Meter) mit großem Käfigbecken und motorbetriebenem Ladebaum
- Eine Hai-Schlinge
- Ein Zodiac-Schlauchboot mit 100-PS-Außenbordmotor
- Beruhigungsmittel und ein an einer Stange befestigtes Injektionssystem
- Kevlarhandschuhe (Haihaut ist rau)
- Mehrere Liter Chum (eine Mischung aus Tier- oder Fischblut und Innereien, das Haie anlockt)
- Einen großen Brocken frisches Fleisch – je blutiger, desto besser
- Einen Bootshaken
- Einen Haikäfig
- Gewebeklebeband (Gaffatape)
- Freunde

 Erforderliche Zeit

Etwa zwei Stunden zum Anlocken und Fangen

Große Weiße Haie sind im Durchschnitt dreieinhalb bis fünfeinhalb Meter lang, der größte jemals gefangene (vor Kuba) war sogar 6,30 Meter lang. Zwar sind die großen Weißen nicht die größten Mitglieder der Familie der Haie, aber sie sind sowohl die größten Raubfische als auch die größten Menschenfresser. (Walhaie beispielsweise sind größer, bis zu 15 m lang, jedoch Planktonfresser und stellen keine Bedrohung für Menschen dar.) Mit Zähnen wie Sägeblätter und der Fähigkeit, sich mit einer Geschwindigkeit von über 20 Knoten durchs Wasser zu bewegen, gelten die großen Weißen als ausgesprochen gefährlich.

In puncto extremer Nervenkitzel ist es also kein Wunder, dass sich das Schwimmen mit Haien zurzeit immer größerer Beliebtheit erfreut. Die meisten Leute tun mit kleineren Haien oder, falls der Hai, dem sie begegnen, dem großen Lager angehört, von der Sicherheit eines Haikäfigs aus.

Wichtige Anmerkung: Die großen Weißen Haie sind durch das kalifornische Gesetz gegen Jagd und Verwertung geschützt. Da Sie nicht die Absicht haben, den Hai zu töten, dürften Sie sich auf rechtlich vertretbarem Boden bewegen. Ob das Fangen eines Hais wirklich eine Verwertung darstellt, ist umstritten. Dem Hai mag es nicht gefallen, aber über das reine Wohlbefinden von Haien schweigen sich die Gesetze aus. Die Regierung von Südafrika schützt Haie auch gegen Fischfang, aber nicht unbedingt dagegen, auf humane Art gefangen und in ein großes Aquarium verfrachtet zu werden. Sehen Sie unbedingt in den jeweiligen einheimischen Gesetzen nach und besorgen Sie sich alle notwendigen Genehmigungen oder Lizenzen. Die beste Zeit für das Fangen von Haien ist der Winter. In Kalifornien bedeutet das von November bis ungefähr Ende März. Sollten Sie nach Südafrika oder Australien reisen, denken Sie daran, dass dort Winter ist, wenn in Kalifornien Sommer herrscht, und bereiten Sie sich darauf vor, zwischen Mai und Ende August zu reisen.

 Anweisungen

---

1. Locken Sie den Hai herbei

Lassen Sie die Besatzung auf dem großen Boot Chum ins Wasser kippen, das lockt Haie an. Üben Sie sich anschließend in Geduld. Es kann eine Weile dauern, bis die Tiere sich blicken lassen, aber wenn es in Ihrer Umgebung welche gibt, werden sie ganz sicher aufkreuzen. Lassen Sie das Zodiac zu Wasser, lassen Sie den Haikäfig ebenfalls ins Wasser und befestigen Sie ihn mit mehreren Tauen, am besten Stahltrossen, neben dem Boot.

Wenn die Haie allmählich auftauchen, legen Sie Ihre Taucherausrüstung an und steigen Sie mit dem Beruhigungsmittel in den Haikäfig. Sorgen Sie dafür, dass das Schlauchboot in der Nähe bleibt.

Derweil soll die Besatzung den Fleischbrocken an einem Bootshaken befestigen. Vergewissern Sie sich, dass er hunderprozentig fest sitzt, damit Sie ihn nicht verlieren. Versuchen Sie einen der größeren Weißen Haie zum Boot zu locken, indem Sie das Fleischende des Hakens an einer Seite des Haikäfigs hin und her schwenken. Ziehen Sie es zurück, bevor der Hai zu-schnappen kann. Das Ganze ähnelt ein wenig dem Hän-seln von Kätzchen mit einer Kordel oder einem sonsti-gen Spielzeug, den Unterschied im Beißradius einmal außer Acht gelassen. Wenn Sie die Sache richtig an-packen, wird der Hai dem Fleisch direkt dem Dollbord (dem oberen Seitenrand) des Bootes entlang folgen.

2. Beruhigen Sie den Hai

In den letzten Jahren fand man heraus, dass ein Hai, wenn er sich in vertikaler Lage mit der Schnauze nach oben befindet, und man seine Schnauze packt, lamm-fromm wird. Kein Mensch weiß, wieso, aber sämtliche Beobachtungen haben dies bestätigt. (Interessanterweise legen Haie dieses Verhalten auch an den Tag, wenn sie auf den Rücken gedreht werden.)

Wenn der Hai die Wasseroberfläche durchbricht, muss ein Crewmitglied also die Spitze der Haischnauze packen und festhalten. Langen Sie zur gleichen Zeit aus dem Haikäfig und injizieren Sie dem Hai das Beruhi-gungsmittel in den Bauch. Dabei müssen Sie schnell sein.

Sobald der Hai aus dem Wasser auftaucht, sollte das Fleisch nicht wieder ins Wasser gehalten werden.

3. Warten Sie

Man kann unmöglich vorhersagen, wie der Hai auf die-ses Erlebnis reagieren wird. Möglich, dass er auf der Stelle treibt und überlegt, was er tun soll. Es kann aber auch sein, dass er auf die Injektion sehr wild reagiert. Wenn der Hai beschließt, sich wirklich hin und her zu werfen, geben Sie den Versuch auf. Die Verletzung des Hais oder der Besatzung ist die Sache nicht wert.

*Sobald der Hai auftaucht,
greifen Sie seine Nase.
Das wird ihn fügsam
genug machen, um ihn zu
beruhigen.*

Falls der Hai fügsam bleibt, sollte die Besatzung den
Hai weiter an Ort und Stelle halten, bis das Beruhigungsmittel wirkt. Unterdesssen sollten Sie veranlassen,
dass die Schlinge geknüpft und seitlich über Bord gelassen wird. Während der Hai sich allmählich beruhigt,
wird die Besatzung im Boot ihn behutsam drehen, so
dass er sich parallel zur Bordwand befindet und gleichzeitig an der richtigen Stelle gehalten wird. Dazu lehnt
man sich über die Reling, schnappt sich Brust- und
Schwanzflosse und dreht den Hai. Man sollte Handschuhe tragen, um Abschürfungen zu vermeiden.

Klettern Sie aus dem Haikäfig und steigen Sie in
das Schlauchboot.

4. Schwimmen und sichern Sie

Lenken Sie das Schlauchboot hinter den Hai. Sobald die Medikamente ihn ausreichend ruhig gestellt haben, gleiten Sie ins Wasser und führen Sie die Schlinge zu dem Hai, wobei Sie eine Seite der Schlinge loslassen, so dass Sie sie unter dem Hai hindurchführen und wieder zur Bootsbesatzung hochreichen können. Es erfordert ein wenig Hin- und Hermanövrieren, aber Sie müssen die Schlinge so anbringen, dass sie den Hai mit Hilfe der Bootsbesatzung und des Schlauchboot vollständig trägt.

Die Bootsbesatzung wird das lose Ende der Schlinge wieder an dem Baum befestigen und den Hai in das Käfigbecken hieven. Kehren Sie derweil ins Zodiac zurück.

Der Hai sollte feucht gehalten werden, zudem muss das Wasser ständig mit Sauerstoff angereichert und an den Kiemen des Hais vorbei eine Strömung aufrechterhalten werden. Ansonsten wird er ersticken.

Wichtige Anmerkung: Während der ganzen Aktion sollte mindestens ein Crewmitglied mit einem Bootshaken bereitstehen, um andere Haie abzuwehren und Ihnen augenblicklich Bescheid zu geben, wenn er einen Hai auf Sie zukommen sieht.

Nähert sich ein anderer Hai, machen Sie, dass Sie sofort aus dem Wasser kommen. Sind Sie dabei nicht schnell genug, werden Sie sich bestenfalls mit dem trösten können, was Sie über die bekannt gewordenen Angriffe großer Weißer Haie wissen. In den meisten Fällen frisst der Hai die Person nicht tatsächlich. Die meisten Todesopfer bei Haiangriffen sterben am Blutverlust. Wissenschaftler glauben, dass die Haie erst einmal zubeißen, um ihre Beute zu probieren, statt einfach nur zu beißen und zu schlucken. Die meisten angegriffenen Menschen werden nach dem ersten Biss wieder losgelassen. Man nimmt an, dass Haie Menschen an der Wasseroberfläche irrtümlich für Seehunde halten, ihre Lieblingsmahlzeit, beim ersten Biss jedoch erkennen, dass der Durchschnittsmensch nicht nach Seehund schmeckt, und deshalb von ihm ablassen.

Trotzdem kann auch ein kleinerer Biss eines großen Weißen Hais ernste Folgen haben. Daher ist dringend zu empfehlen, einen Arzt mit Näh- und Verbandszeug an Bord zu haben.

Bergen Sie Maya-Gold aus einem Opferbrunnen

Was Sie unbedingt brauchen

- Zugang zu Satelliten- und Luftaufnahmen
- Hubschrauber (Empfehlung: Bell Huey oder Jet Ranger)
- Land Rover
- Tragbare Einheit des globalen Satelliten-Navigations-systems GPS
- Aufblasbares Schlauchboot mit Pumpe
- Ausrüstung für Technical Diving (auch Tecdiving oder Technisches Tauchen) mit seitlich hängend angebrachten Zusatzflaschen, Taucheranzug, Maske, Flossen – je nach Tiefe des Brunnens benötigen Sie vielleicht Stage-Flaschen zur Dekompression – plus Unterwasserscheinwerfer, Druckluftbehälter und, falls erforderlich, Flaschen mit Atemgasen zum Tiefseetauchen (Nitrogen, Helium und Sauerstoff), Führungsrollen und Abstiegsleinen
- Unterwasser-Schreibtafel
- Einen Tauchkumpel
- Tragbares Magnetometer
- Strickleitern
- Lastkran oder Ballon mit starkem Auftrieb
- Unterwasser-Saugsystem
- Campingausrüstung einschließlich Zelten, Schlaf-säcken, Kochausrüstung, tragbarem Generator, Ma-

cheten, Handwerkzeug und anderen Gegenständen, soweit erforderlich
- Archäologe(n)
- Arbeitstrupp (ungefähr zehn Personen mit Ausgrabungserfahrung)
- Genehmigungen von der Bezirksverwaltung (normalerweise in der Provinzhauptstadt erhältlich)
- Insektenspray

 ## Erforderliche Zeit

Planen Sie zwei bis drei Monate ein.

 ## Hintergrund

Das Volk der Maya schuf eine der eindrucksvollsten Zivilisationen in Nord-, Mittel- und Südamerika. Hunderte von Städten übersäten die Landschaft des heutigen Südmexiko bis hinein nach Belize und Nicaragua. Einige der größten Städte findet man auf der Halbinsel Yucatán (welche die drei mexikanischen Provinzen Yucatán, Campeche und Quintana Roo umfasst). Es ist ein tief liegendes, sumpfiges Gebiet, doch gibt es keine bleibenden Flüsse – zumindest nicht an der Oberfläche.

Die Gegend ist ein Labyrinth von Höhlen, *cenotes* (das sind große Senkgruben, die manchmal »Heilige Brunnen« genannt werden) und unterirdischen Flüssen, die sich als Folge des niedrigen Meeresspiegels und der Zusammensetzung des darunter liegenden Gesteins bildeten – Kalkstein, der sich auflöst, wenn er von Natur aus säurehaltigem Wasser ausgesetzt wird, das in Spalten im Boden einsickert. Das Wasser bildete im Laufe der Zeit große Höhlen, irgendwann brach dann die Oberfläche ein und ließ die Brunnen entstehen. Weil Menschen und Städte Wasser brauchen, um zu überleben, erbauten die Maya in den Provinzen Yucatán und Quintana Roo ihre Gemeinwesen in der Nähe des einzigen Süßwassers, zu dem sie – in den Höhlen und *cenotes* – Zugang hatten.

Der genaue Umfang der Maya-Zivilisation lässt sich nur schätzen. Die Ursachen für ihren Niedergang mögen Hungersnot, Aufruhr oder andere bislang noch nicht identifizierte Gründe gewesen sein. Jedenfalls war die Mehrzahl der Maya-Städte um die Mitte des zehnten Jahrhunderts n. Chr. ausgestorben. Ein Kern der Maya-Kultur überlebte auf der Halbinsel Yucatán, wo sie sich mit den Tolteken Zentralmexikos vermischte. Um die Zeit der Ankunft der Spanier jedoch hatten sich die Maya in ländliche Gegenden verstreut.

Mit der Zeit wurden die Maya-Städte vom Dschungel überwuchert und können heute nur noch per Zufall ausfindig gemacht werden oder von Leuten, die wissen, wonach sie suchen müssen. Werden sie gefunden und ausgegraben, zeugen die Ruinen sowohl von den überragenden Fähigkeiten der Maya als Baumeister und Kunsthandwerker als auch von der Tiefe ihrer Überzeugungen. Tikal, eine der besser restaurierten Ruinenstätten, ist übersät mit pyramidenartigen Tempeln, von denen viele über 60 Meter hoch sind, und noch immer stößt man auf Wandgemälde, wunderbar wiedergegebene Kostproben aus dem Leben der Maya und Nacherzählungen ihrer Mythologie.

Die religiösen Anschauungen der Maya umfassten viele der Aktivitäten anderer Religionen, darunter die

Bestattung von Königen und bedeutenden Persönlichkeiten mit rituellen Objekten und Artikeln, außerdem Blutvergießen und Menschenopfer. Darüber hinaus gibt es reichlich Zeugnisse, dass sie ihren Göttern weltliche Güter opferten, oft indem sie sie in die *cenotes* in der Nähe ihrer Städte warfen. Viele dieser Gegenstände waren aus Gold gefertigt.

Anweisungen

1. Machen Sie eine Stadt ausfindig

Um Maya-Gold aus einem *cenote* zu bergen, muss man zunächst einmal eine Maya-Stadt mit einem *cenote* finden. Es hat wenig Sinn, an einer früher entdeckten Stätte nach Gold zu suchen, da andere Archäologen vielleicht schon nach dem *cenote* geforscht haben. Diese werden voraussichtlich energisch Einspruch erheben, wenn Sie anfangen, in ihrem Revier zu arbeiten.

Es gibt mehrere Möglichkeiten, eine noch unentdeckte Stadt in der Nähe eines *cenote* ausfindig zu machen. Ein guter erster Weg ist eine persönliche Inaugenscheinnahme. Die Halbinsel Yucatán ist relativ flach, weshalb die Tempel gewöhnlich herausragen, selbst wenn sie mitten im Dschungel stehen. Anhand von Satelliten- und Luftbildern lassen sich Gruppen von »Hügeln« gut identifizieren, die bei sorgfältiger Untersuchung eine geometrischere Beziehung zueinander aufweisen, als man sie bei einem natürlichen Phänomen üblicherweise erwartet.

Zweitens werden eine Untersuchung historischer Dokumente und Gespräche mit Einheimischen Hinweise auf Stätten und Orientierung liefern. Mittels der Ge-

spräche gewinnen Sie vielleicht sogar einen guten Führer; ohne guten Führer werden Sie nicht durch das wilde
Land zu der Stadt gelangen.

Zu guter Letzt sammeln Sie Informationen von der
Regierung und aus privaten Quellen über die Wasser-
systeme auf Yucatán. Eine Reihe von Agenturen und
Einzelpersonen haben die unterirdischen Flüsse karto-
graphisch erfasst. In den letzten Jahren haben sich vor
allem mehrere gemeinnützige Gruppen dem Durchtau-
chen dieser Wasserwege gewidmet; sie folgten ihnen
zum Ozean oder umgekehrt und erstellten ausgezeich-
nete Karten.

*Halten Sie Ausschau nach Hügelgruppen im Dschungel, besonders
nach solchen in der Nähe von Quellen. Konzentrieren Sie Ihre Suche
auf die Quintana Roo-Region in Mexiko, südlich von Yucatán.*

Wenn Sie die gesammelten Informationen miteinander kombinieren und in Bezug zueinander setzen,
werden Sie ein paar Dinge bemerken, die Ihre Suche

einzugrenzen helfen. Konzentrieren Sie Ihre Bemühungen auf Gebiete, in denen Wasserquellen, vor allem *cenotes*, in unmittelbarer Nachbarschaft von »Hügeln« liegen, bei denen es sich höchstwahrscheinlich um Tempel oder andere vom Dschungel überwucherte Bauten handelt. Auch hier können Ihnen historische Aufzeichnungen und Gespräche mit Einheimischen helfen, indem Sie Ihnen Geschichten oder Dokumente liefern, die von Städten oder Ruinen in diesen Gegenden berichten.

Wichtige Anmerkung: Die Stätten in der Provinz Yucatán sind gut dokumentiert, gleichzeitig ist dies auch das am dichtesten besiedelte Gebiet. Konzentrieren Sie Ihre Erkundungen daher lieber auf die nördlichen Abschnitte der Provinz Quintana Roo.

2. Feldaufklärung

Die Feldaufklärung sollte aus der Luft (Hubschrauber), mit dem Auto (Land Rover) und zu Fuß erfolgen. Wenn Sie in der Nähe von unterirdischen Flüssen oder *cenotes* potenzielle Standorte von Städten identifizieren, untersuchen Sie sie sorgfältig, um Ausdehnung und Umfang der Ruinen zu ermitteln. Eine größere Stadt mit einer beachtlichen Tempelgruppe in der Nähe eines *cenote* ist ein guter Ausgangspunkt.

Ein *cenote*, der eine nähere Untersuchung lohnt, wird immer in der Nähe einer Tempelstätte liegen. Zudem wird es Zeichen geben, die auf seine Bedeutung verweisen, beispielsweise Steinbauten in seiner Nähe, Stufen, die nach unten in sein Inneres führen, oder gepflasterte oder steinerne Plattformen an der Seite, die dem (den) Tempel(n) am nächsten ist.

Sobald Sie den Brunnen gefunden haben, werfen Sie

Lotleinen hinein, um die Tiefe zu bestimmen. So finden Sie heraus, wie schwierig ein Tauchgang im Brunnen ist, ob Sie Dekompressionsstopps einlegen müssen und ob die Kriterien fürs Tecdiving erfüllt sind.

3. Vorbereitende Tauchgänge

Kehren Sie mit Tauchausüstung, Unterwasserscheinwerfern, dem tragbaren Magnetometer und der Strickleiter zurück an den ausgewählten Ort. Sie werden auch Seile brauchen, um Ausrüstung hinunterzulassen, falls die Wände des Brunnens zu steil sind oder der Wasserspiegel zu weit unter dem Rand liegt.

Bringen Sie die Strickleiter an, ziehen Sie Ihren Taucheranzug an und steigen Sie ins Wasser. Veranlassen Sie, dass das Schlauchboot hinabgelassen und festgemacht wird. Der Rest Ihrer Ausrüstung sollte nun per Seil zu Ihnen hinuntergelassen werden. Verwenden Sie das Schlauchboot als Stützpunkt zur Aufbewahrung von Gegenständen, während Sie Ihre Vorbereitungen abschließen. Legen Sie Flossen, Maske und Tauchgerät an. Vergewissern Sie sich, dass die Sauerstoffzufuhr eingeschaltet ist.

Auch Ihr Tauchpartner sollte hinabsteigen und sich bereit machen. Sobald er Ihnen signalisiert hat, dass er so weit ist, geben Sie dem Hilfsteam oben am Brunnen Ihr Okay-Zeichen und beginnen mit dem Abstieg.

Steigen Sie langsam auf den Grund hinab und schalten Sie die Schweinwerfer ein, da das Wasser immer dunkler und die Sicht immer schlechter wird. Achten Sie auf Gesteinsbrocken, die an Ihren Leinen hängen bleiben können.

Begeben Sie sich, sobald Sie auf dem Grund sind, zu der Seite des Brunnens, die dem nächstgelegenen Tempel am nächsten ist. Es besteht gute Aussicht, dass sich in diesm Bereich irgendwelche Relikte befinden, die dort hineingeworfen wurden. Fangen Sie mit einer oberflächlichen Untersuchung des *cenote*-Bodens an und folgen Sie so lange der Brunnenwand, bis Sie wieder zu Ihrem Ausgangspunkt zurückkehren, dann begeben Sie sich anderthalb bis zweieinhalb Meter weit in Richtung Brunnenmitte und wiederholen Sie den Rundgang, bis Sie das Zentrum des *cenote* erreichen. Ziel dieses Tauchgangs (und je nach Größe des *cenote* nachfolgender Tauchgänge) ist es, sich mit dem Zuschnitt und den Verhältnissen vertraut zu machen. Achten Sie auf Seitengänge und Höhlen, die vielleicht eine Erkundung erfordern. Machen Sie sich auf Ihrer Unterwasser-Schreibtafel Notizen über die Merkmale, Bodenbeschaffenheit (wahrscheinlich ist es Schlick) und Tiefen. Diese Notizen dienen dazu, eine Karte des Schauplatzes anzufertigen.

Wenn Sie die Sichtprüfung abgeschlossen haben, inspizieren Sie den Boden nochmals mit dem Magnetometer und notieren Sie sich die Position aller Treffer. Beenden Sie auch diese Untersuchung, bevor Sie zum nächsten Schritt übergehen.

4. Ausgrabung und Bergung

Sobald Sie alle Magnetometeranzeigen lokalisiert haben, machen Sie sich fertig zur Ausgrabung. Schaffen Sie den Rest Ihrer Ausrüstung hinein, einschließlich Campingsachen, Generator und Saugsystem. Schwerere Gegenstände können mit dem Helikopter herbeigeschafft werden. Fahren Sie ansonsten so nah wie möglich heran.

Wichtige Anmerkung: Moskitos können auf der Halbinsel Yucatán leicht zur Plage werden, wenn irgendein stehendes Gewässer (wie ein *cenote*) zur Vermehrung verfügbar ist. Vergessen Sie angesichts der neueren, gegen Prophylaxen zunehmend resistenten Malariaarten nicht, sich vorab ein gutes Anti-Malaria-Mittel verschreiben zu lassen, und machen Sie reichlich Gebrauch von Ihrem Insektenspray.

Alle schweren Gegenstände aus Gold oder Silber werden in den Schlick und Dreck eingesunken sein, die den Boden des *cenote* bedecken. Befestigen Sie das Saugsystem an einer sicheren Stelle am Rand des *cenote* oder notfalls an einer Boje an der Wasseroberfläche.

Konzentrieren Sie sich zuerst auf die Zonen, die die besten Treffer auf dem Magneotometer hatten. Benutzen Sie das Unterwasser-Saugsystem, um Schlick aufzusaugen, und deponieren Sie diesem außerhalb des Brunnens. Sämtliches auf diese Weise ausgegrabene Material sollte sehr sorgfältig durchgesiebt und auf kleine Artefakte, Knochen oder andere interessante Objekte hin untersucht werden.

Größere Gegenstände werden zwar nicht angesaugt, aber beim Entfernen des Schlicks freigelegt. Machen Sie, wenn Sie sie identifizieren, mit einer Unterwasserkamera Fotos davon und dokumentieren Sie den Standort jedes Gegestandes, bevor Sie ihn entfernen. Dies wird Archäologen bei der Erforschung der Fundstätte und der Stadt helfen. Leichtere Gegenstände sollten nach der Dokumentation in einen Korb gelegt und zwecks weiterer Untersuchung an die Oberfläche geschafft werden. Größere Fundstücke erfordern den Einsatz des Ladekrans oder des großen Auftriebsballons.

5. Abtransport?

Wie die meisten Staaten missbilligt auch Mexiko den Abtransport von Artefakten aus seinen archäologischen Stätten und auch die Vereinten Nationen haben ihre ernsthafte Ablehnung desselbigen zum Ausdruck gebracht. Noch haben solcherlei Missbilligungen allerdings weder das British Museum davon überzeugt, den Griechen die Marmorfriese des Parthenon zurückzugeben, noch fühlt der Louvre sich dadurch bemüßigt, irgendwelche gegenwärtig in seinem Besitz befindlichen Statuen rauszurücken.

An diesem Punkt müssen Sie sich entscheiden. Sie können die Relikte still und heimlich zur Küste schaffen, wo Sie vielleicht einen panamaischen Frachter abfangen, der unterwegs zu den Caiman-Inseln ist – oder Sie händigen sie den Behörden aus. Sollten Sie sich für die erste Option entscheiden, ist Quintana Roo der beste Aufenthaltsort. Die ansässigen Indianer und die Bundesregierung stecken mitten in einem Streit – und die *Federales* haben diese Provinz kaum unter Kontrolle. (Sie werden allerdings vielleicht für die indianische Sache spenden müssen.)

Wenn Sie vorhaben, die gefundenen Artefakte später der Regierung zu übergeben, sollten Sie unbedingt daran denken, sich die richtigen Genehmigungen zu besorgen, *bevor* Sie mit der Suche anfangen.

Steigen Sie in den Buckingham Palace ein

Was Sie unbedingt brauchen

- Betäubungspistole der Firma Taser
- Fallschirmspringerausbildung für Sprünge aus großer Höhe mit später Schirmöffnung (HALO – High Altitude Low Opening)
- Fallschirm-System mit Haupt- und Reserveschirm (HAPPS – High Altitude Precision Parachute System)
- Flugzeug und Pilot
- Höhenmesser, befestigt am Handgelenk
- Schwarze BDU-Kampfanzüge
- Rucksack
- Dienstbotenuniform
- Springerstiefel der Firma Danner
- Sauerstoffmaske, Schlauch und aufgeladenen Behälter
- Höhenmesser
- Helm
- Nachtsichtbrille
- Gewebeklebeband (Gaffatape)
- Einen englischen Akzent

 Erforderliche Zeit

Eine Woche für die Vorbereitung und etwa zwei Stunden für die Durchführung.

Der Buckingham Palace ist die offizielle Londoner Residenz von Queen Elisabeth II. Die Queen unterhält noch viele weitere Wohnsitze im Vereinigten Königreich, aber mit seiner Lage im Herzen der Hauptstadt ist Buckingham der sichtbarste. Der Palast ist nicht nur ihr Zuhause, er dient auch als Verwaltungshauptquartier der Monarchie. George III. kaufte das Gebäude im Jahr 1761, das als Wohnstatt in der Nähe des Saint James Palace dienen sollte. Seither wird es von den Royals mehr oder weniger kontinuierlich genutzt.

Eine Division der königlichen Wachen (Household Guards) befindet sich jederzeit in der Residenz (oder wird von einer anderen Truppe ersetzt, wenn Einsatzpflichten sie anderswohin führen); die vertrauten roten Röcke und Bärenfellmützen sind ein Anblick, den nur wenige vergessen. Die Wachen marschieren mit großer Präzision und bieten ein großartiges Schauspiel englischer Herrlichkeit. Doch lassen Sie sich von dem opernhaften Aufzug nicht täuschen – diese Männer und Frauen sind ausgebildete Soldaten und schwer bewaffnet, und nach »Feierabend« werden die Wachposten (wie die Briten sagen) »operational«, sprich: einsatzbereit. Dies ist in dem Sinne zu verstehen, dass die Wachen, sobald die Touristen abziehen, eine stärkere Neigung zeigen, gezielt zu schießen.

Die Queen und ihre Familie wohnen nicht ständig im Palast. Bevor Sie sich an Ihr Unterfangen machen, prüfen Sie zunächst, wann Charles, der Prince of Wales, sich bei seiner Mutter aufhält.

Anweisungen

1. Beobachten und verfolgen Sie das Personal

Zugang zum Palast zu erlangen ist keine besonders knifflige Aufgabe. Wenn man erst einmal drin ist, geht es vor
allem darum, nicht bemerkt zu werden, und das ist der
eigentliche Trick. Schließlich ist es bloß ein großes Gebäude mitten in einer großen Stadt.

Der Palast hat eine Reihe von Bediensteten und
Mitarbeitern, darunter jene, die der königlichen Familie
dienen und sie schützen, die Anlagen pflegen und sich
um Besucher kümmern. Beginnen Sie Ihr Projekt, indem Sie das Kommen und Gehen von Leuten durch den
Personaleingang beobachten. Halten Sie nach einzelnen
Personen Ausschau, die Ihnen vom Körperbau her
ähneln. Haben Sie welche gefunden, folgen Sie ihnen
nach Hause und stellen Sie fest, in welchen Verhältnissen sie leben. Sie müssen jemanden ausfindig machen,
der allein stehend ist und zum Personal der königlichen
Haushaltung gehört.

Sobald Sie eine Person angewählt haben, treten Sie
an einem Sonntag an sie oder ihn heran. Stellen Sie sich
als ausländischen Journalisten vor, der an einer Hinter-
den-Kulissen-Story über den Buckingham Palace arbeitet. Angestellte der Königin sind höfliche Leute, und
die Chancen stehen ziemlich gut, dass Sie auf eine
Tasse Tee eingeladen werden. Ebenso wahrscheinlich
ist, dass Ihre Bitte um Informationen abgeschlagen
wird. Das ist kein Problem, Hauptsache, Sie sind mit
dieser Person allein und unbeobachtet in einem stillen
Kämmerlein.

Betäuben Sie Ihr Gegenüber mit der Betäubungspistole und fesseln Sie sie oder ihn mit dem Gaffatape.

Suchen Sie nach dem Ausweis. Den werden Sie brauchen, um sich unbehelligt im Palast bewegen zu können.

2. Stellen Sie sich in die Tür

Fahren Sie zum Flugplatz außerhalb von London, wo Ihre Maschine wartet. Ihr Pilot wird bereits einen Flugplan angemeldet haben, der Sie am Buckingham Palace vorbei auf eine Höhe von 10 000 Metern bringt, vom Palast aus gesehen auf die Windseite. Ziehen Sie Ihre HALO-Montur an und vergessen Sie nicht, mit Ausnahme der Sauerstoffmaske noch einmal alles zu überprüfen, bevor Sie an Bord gehen.

> **Wichtige Anmerkung:** Übernehmen Sie in jedem Falle selbst das Packen und Prüfen Ihres Fallschirms, statt sich auf andere zu verlassen. Während des Fluges sollten Sie nochmals Ihre gesamte Ausrüstung checken.

Legen Sie, während Sie sich der Absprungzone nähern, Ihr Atemgerät an und ziehen Sie sich fertig an. Schließen Sie Ihre Sauerstoffmaske so lange an die bordeigene Versorgung an, bis der Pilot Ihnen ankündigt, dass Sie in zwei Minuten springen.

Verringern Sie den Druck im Kabinenbereich und öffnen Sie die Außentür. Es wird laut, kalt und windig sein.

Bei zwei Minuten bis zur Absprungzone schalten Sie auf Ihre eigene Sauerstoffversorgung um und stellen sich in die Tür des Flugzeugs. Sobald Sie das Zeichen bekommen, springen Sie ab.

Legen Sie Ihre gesamte HALO-Ausrüstung an und vergessen Sie dabei nicht, Ihre Sauerstoffmaske vor Verlassen des Flugzeuges mit dem Lufttank zu verbinden.

3. Springen Sie und achten Sie auf Ihre Höhe

Sie werden von 10 000 auf ungefähr 800 Meter fallen. Beobachten Sie Ihren Höhenmesser und nehmen Sie eine Sichtprüfung Ihrer Position vor. London hat aus der Luft ein sehr charakteristisches Aussehen, und Sie können Ihre Lage korrigieren, indem sie Arme und Beine ausbreiten, um langsamer zu werden und zu »fliegen«, oder sie eng an den Körper ziehen, damit Sie senkrechter fallen. Nehmen Sie Korrekturen Ihrer Position mit Blick auf den Palast und unter Einbeziehung der Windströmung vor.

Wenn Ihr Höhenmesser 800 Meter anzeigt, ziehen Sie die Reißleine. Seien Sie auf den Ruck gefasst. Sollte der Hauptschirm sich nicht öffnen, nehmen Sie den Reserveschirm.

Ihr Fallschirm ist nicht die herkömmliche runde

Sorte, sondern im Grunde genommen ein großer Flügel. Hat er sich erst einmal ganz geöffnet, können Sie ihn steuern und Ihre Geschwindigkeit regulieren, indem Sie ihn nach links oder rechts neigen oder die Vorderkante nach oben oder unten ausrichten. Durch eine Kombination dieser Bewegungen und mit ein bisschen Glück können Sie direkt das Palastdach ansteuern.

Denken Sie bei der Landung daran, zum Abbremsen die Vorderkante Ihres Schirms aufzurollen und die Füße leicht anzuheben.

4. Dringen Sie in den Palast ein

Sobald Sie gelandet sind, falten Sie den Fallschirm zusammen, damit Sie nicht von plötzlichen Windböen vom Dach geweht werden. Packen Sie den Schirm zusammen und entledigen Sie sich seiner als auch Ihrer gesamten übrigen Ansrüstung; legen Sie die schwereren Sachen oben auf den Schirm, damit er nicht weggeweht wird. Tauschen Sie Ihre Kleidung gegen die Dienstbotenuniform, bringen Sie den Ausweis gut sichtbar an und suchen Sie sich die nächste Dachluke.

Dringen Sie in die oberen Etagen des Palastes ein und machen Sie die Hintertreppe ausfindig. Vermeiden Sie unbedingt die Haupttreppe. Gehen Sie weiter zur Wohnebene und schauen Sie, ob Sie einen Wäscheschrank finden. Stellen Sie eine passende Auswahl sauberer Wäsche und ähnlicher Dinge zusammen und halten Sie alles so, dass der Ausweis teilweise verdeckt wird. Meiden Sie direkten Blickkontakt, erwecken Sie aber auch keinen offenkundig verstohlenen oder geheimnisvollen Eindruck. Wenn man Sie grüßt, grüßen Sie höflich und freundlich zurück.

5. Hier schlief der Prince of Wales

Sobald Sie den Familienflügel des Palastes entdeckt haben, begeben Sie sich zum Schlafzimmer von Prince Charles. Falten Sie das Bettzeug zum Spaß so, dass man sich nicht ausstrecken kann.

Gehen Sie rasch zum Personalausgang und machen Sie sich aus dem Staub.

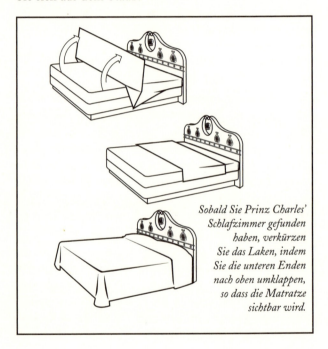

Sobald Sie Prinz Charles' Schlafzimmer gefunden haben, verkürzen Sie das Laken, indem Sie die unteren Enden nach oben umklappen, so dass die Matratze sichtbar wird.

Begegnen Sie einem Alien in Area 51

Was Sie unbedingt brauchen

- Isolierte Tarnkleidung (um die Körperhitze zu absorbieren)
- Kevlarweste
- Einen Flugdrachen, dunkelgrau, mit metallfreien Komponenten; die gesamte Verspannung sollte aus gesponnener Kohlefaser bestehen, ebenso Holme und Rahmen.
- Einen Ford F-150 4x4 Pickup und ein Abschleppseil
- Nachtsichtbrille
- Tragbares Satelliten-Navigationssystem (GPS), in das die Landekoordinaten einprogrammiert sind
- Funkscanner
- Klettergurt, Abseilvorrichtung und Seil
- Fernsteuerbare Flugzeuge und Autos (mit Allradantrieb)
- Werkzeugkasten (Bügelsäge, Drahtschneider, Bohrmaschine mit normalen Bohrern und Kreuzschlitz-Schraubkopf-Bohrereinsätzen, kleiner Bolzenschneider, Isolierband und Gaffatape)
- Freunde

 Erforderliche Zeit

Geben Sie sich eine Woche.

Die Nellis Air Force Base liegt in Südnevada, westlich der Nevada Range, die von der US-Regierung für Atomwaffentests benutzt wird. Der Stützpunkt wurde als Ort zur Erprobung hoch entwickelter Flugzeuge wie der U2- und SR-71-Spionageflugzeuge und des F-117A-Tarnkappenbombers genutzt. Dies ist erst kürzlich ans Licht gekommen, da die amerikanische Regierung Zweck und Existenz des Stützpunktes stets geleugnet hatte.

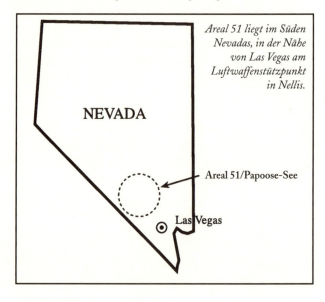

Areal 51 liegt im Süden Nevadas, in der Nähe von Las Vegas am Luftwaffenstützpunkt in Nellis.

Nicht wenige behaupten, dass der Stützpunkt ein dunkleres Geheimnis jenseits der Tarnkappen-Technologie berge, dass es im Innern der geheimen Basis eine weitere Einrichtung gebe, die noch stärker bewacht werde. Aber was wird dort neugierigen Blicken entzogen und geschützt? Außerirdische natürlich und ihre fliegenden Untertassen, die die Regierung erforscht, seit eine im Jahr 1947 bei Roswell, New Mexico, abgestürzt ist. Manche behaupten, die Außerirdischen seien gesund und munter und hielten sich in Area 51 auf dem Stützpunkt auf, aber einige Anhaltspunkte deuten darauf hin, dass sie sich in Wirklichkeit in einer Einrichtung namens Papoose Lake südlich des Groom Lake befinden.

Die Sicherheitsvorkehrungen in der Nellis Air Force Base sowie am Groom und Papoose Lake sind ausgezeichnet. Mehrere Kilometer vom Zentrum der Anlage entfernt wurde eine Sicherheitsperipherie errichtet, die so effektiv ist, dass ein Zaun schlicht überflüssig wäre. Leute, die sich in Fahrzeugen oder zu Fuß nähern, werden routinemäßig abgefangen, und selbst wenn sie an den Sensoren und Wachen vorbeikämen, wären sie mit der Aussicht konfrontiert, eine äußerst unwirtliche Wüste durchqueren zu müssen. Hinweisschilder warnen unmissverständlich vor unbefugtem Betreten und Fotografieren und weisen darauf hin, dass möglicherweise tödliche Schüsse abgegeben werden.

Die eigentliche Frage lautet: Wie werden Eindringlinge entdeckt und wo sind die Schwachstellen in den Sicherheitssystemen?

Die Palette der Technologien zur Entdeckung von Störenfrieden umfasst ältere Methoden wie passives Infrarot, Mikrowellen und Video-Bewegungsmelder und erstreckt sich weiter auf vergrabene Vibrationssensoren und Systeme aus elektromagnetischen Feldern. Diese letzteren beiden sind besonders übel, weil sie praktisch unsichtbar sind. Unterstützt werden sie von Rundum-Fernsehkameras und Radar, das an Tarnkappenbombern ausgiebig erprobt wurde.

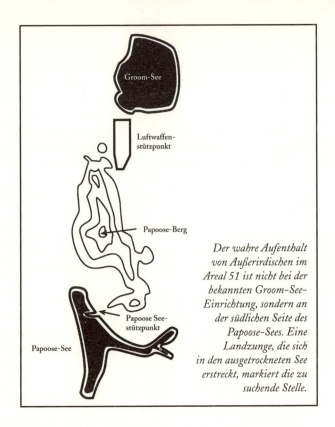

Groom-See

Luftwaffen-
stützpunkt

Papoose-Berg

*Der wahre Aufenthalt
von Außerirdischen im
Areal 51 ist nicht bei der
bekannten Groom-See-
Einrichtung, sondern an
der südlichen Seite des
Papoose-Sees. Eine
Landzunge, die sich
in den ausgetrockneten See
erstreckt, markiert die zu
suchende Stelle.*

Papoose See-
stützpunkt

Papoose-See

 Anweisungen

---

1. Finden Sie die Schwachstellen

Bevor Sie ernsthaft in das Gelände eindringen, ist eine
kleine Erforschung der Peripherie angebracht. Um in die
verbotenen Zonen zu gelangen, bedienen Sie sich des
ferngesteuerten Flugzeugs und der Fernlenkfahrzeuge.

Sie sollten zu verschiedenen Tageszeiten auf das Gelände vorstoßen und die Reaktionen sollten protokolliert werden. Der Grund für den Einsatz ferngesteuerter Modelle ist, dass sie ohne persönliches Risiko für Sie und Ihre Freunde die Sicherheitsgrenze überqueren können. Vergessen Sie bei allen Sondierungen nicht, die Funkfrequenzen zu überwachen, insbesondere um 141,55 und 142,5 Megahertz (MHz). Dies sind die Frequenzen, die von den Sicherheitseinheiten benutzt werden. Indem Sie deren Funkverkehr verfolgen, bekommen Sie eine Vorstellung davon, wie rasch und effizient die Sicherheitsleute auf ein Eindringen reagieren können. Falls der Funkverkehr zu der Zeit, zu der Sie Ihre Sondierung vornehmen, stark zunimmt, wissen Sie, dass sie achtsam und gründlich sind. Weniger Funkverkehr bedeutet, die Peripherie ist durchlässig.

Behalten Sie das Wetter im Auge. Achten Sie auf gute thermische Aktivität. Diese ist gegeben, wenn vom Wüstenboden aufsteigende Hitze Ihnen Auftrieb verschafft und günstige Winde Ihren Flug zum Lake Papoose unterstützen.

2. Sorgen Sie für Ablenkung an der Peripherie

Sobald Sie ein Gefühl für die dünnsten Stellen des Sicherheitsnetzes haben, wissen Sie, an welchem Punkt Sie am besten eindringen. Um den Sicherheitsdienst von Ihnen abzulenken, sollten sich alle Ihre Freunde bis auf einen der Sicherheitsperipherie an der Ihrem Übertrittspunkt gegenüberliegenden Seite der Basis nähern. Um die Wachen zu zerstreuen, sollten sie sich nicht an einem Punkt sammeln, sondern sich verteilen.

Zu keinem Zeitpunkt sollten Ihre Komplizen in die Sicherheitszone vordringen. Es genügt, an der Peripherie entlangzugehen.

3. Bewegen Sie sich schnell und leise

Noch bis vor ein paar Jahren war es möglich, auf die Berge zu gelangen, die unmittelbar an Area 51 angrenzen, doch inzwischen hat sich die Regierung auch das umliegende Land einverleibt und den größten Teil des höher liegenden Geländes (und damit auch mögliche Aussichtspunkte auf die Basis) der Sicherheitszone zugeschlagen. Dies schließt einen Start Ihres Flugdrachens von einem Hügel oder Berg aus.

Zum Glück kann der Ford F-150 Sie bei guter thermischer Aufwärtsströmung (deshalb haben Sie das Wetter beobachtet) und mit einem stabilen Abschleppseil in die Luft bringen. Setzen Sie den Drachen nach Einbruch der Dunkelheit, während Ihre Freunde Ihnen Deckung geben, schnell und leise zusammen und haken Sie das Abschleppseil daran fest.

Ihre Freunde sollten Ihnen per Funk Bescheid sagen, wenn es ihnen gelungen ist, die »Hunde« abzulenken.

Schnallen Sie das Gurtzeug um und starten Sie Ihren Drachen, indem Sie ihn an einem Seil hinter dem von Ihrem Freund gesteuerten Ford herziehen lassen. Aktivieren Sie Ihre Nachtsichtbrille und halten Sie Ausschau nach Hubschraubern. Wenn Sie einen Hubschrauber sehen und er Sie entdeckt zu haben scheint, brechen Sie den Versuch sofort ab und bringen Sie sich in Sicherheit.

Versuchen Sie, so schnell wie möglich an Höhe zu gewinnen. Wenn Sie die maximale Höhe erreicht haben, die das Abschleppseil zulässt, klinken Sie es aus und setzen den Aufstieg fort. Sobald Sie die größtmögliche Höhe erreicht haben, steuern Sie in den Luftraum des Groom Lake und lassen sich vom GPS zum Papoose Lake leiten. Haben Sie weiter ein wachsames Auge auf

Hubschrauber und Sicherheitspatrouillen. Wieder gilt: Wenn Sie glauben entdeckt worden zu sein, brechen Sie den Anflug ab und kehren auf sicheren Boden zurück. Versuchen Sie nicht, nach der Flucht den Anflug fortzusetzen.

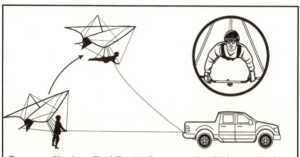

Benutzen Sie einen Ford F-150-Laster um den Gleiter zu beschleunigen und damit abzuheben. Tragen Sie auf jeden Fall ein Nachtsichtgerät, um Sicherheitskräfte und Helikopter sehen zu können.

4. Landen Sie und dringen Sie in den Stützpunkt ein
Landen Sie in der Nähe, aber nicht zu nahe an der Papoose-Anlage. Sie liegt in der Nähe der Hügelzunge, die sich in das alte Seebett hinein erstreckt. Sobald Sie am Boden sind, prüfen Sie durch die Nachtsichtbrille die unmittelbare Umgebung. Verstecken Sie den Drachen und begeben Sie sich rasch zum Eingang der Anlage. Das Gelände verfügt über Abzüge für die Kühl- und Klimaanlagen, die heiße Stellen erzeugen, wenn die überschüssige Wärme in die Atmosphäre geblasen wird. Hier verschaffen Sie sich Zugang.

Machen Sie einen Lüftungsschacht ausfindig. Suchen Sie ihn nach Alarmsystemen oder Sicherheitsschaltern ab und überbrücken Sie sie, soweit erforderlich. Entfernen Sie das Gitter und befestigen Sie Ihr Seil an dem Rahmen des Schachtes (denken Sie daran, das Seil dort, wo es über den Metallrahmen läuft, zu polstern, damit es sich nicht durchscheuert).

Lassen Sie sich in das Schacht- und Gangsystem hinunter. Irgendwelche Schutzgitter oder Maschen in dem System (die hier angebracht wurden, um Leute genau an dem zu hindern, was Sie gerade tun) sollten mit Drahtschere oder Bügelsäge durchtrennt werden.

5. Folgen Sie Ihrer Nase

Leider ist der genaue Aufenthaltsort der Außerirdischen nicht bekannt. Die US-Regierung gibt diese Informationen nicht beiläufig der Öffentlichkeit oder sonst jemandem preis, und die inoffiziellen Quellen sind unzuverlässig und widersprüchlich. Doch es gibt ein paar grundlegende Fakten zu Ihren Gunsten.

- Erstens deuten alle Anzeichen darauf hin, dass die Außerirdischen Luft atmen.
- Zweitens sind sie seit einer Reihe von Jahren hier, lange genug, um an unsere Atmosphäre und die in ihr enthaltenen Krankheitserreger gewöhnt zu sein.
- Drittens sind die Außerirdischen, obwohl sie sich nicht mehr in einem (was die Belüftung angeht) geschlossenen Bereich befinden, nach wie vor Außerirdische. Angeblich strömen sie einen unverwechselbaren, ziemlich strengen Geruch aus, der sich von dem des Menschen unterscheidet.

Sobald Sie sich im Innersten des Gangsystems befinden, müssen Sie bei der Lokalisierung der Außerirdischen bloß noch Ihrer Nase folgen. Bewegen Sie sich leise durch die Gänge, stets in Richtung starker Gerüche, die nicht menschlichen Ursprungs zu sein scheinen.

6. »Klaatu Barada Nikto«? – Begrüßung

Sobald Sie den Abzug ausfindig gemacht haben, der in die Quartiere der Außerirdischen führt, entfernen Sie vorsichtig das Abzugsgitter und lassen Sie sich in den Raum hinab. Denken Sie daran, die Hände gut sichtbar und geöffnet zu halten, damit Sie die Aliens nicht erschrecken.

Angesichts der langen Zeit, die sie schon hier verbringen, kann man davon ausgehen, dass die Aliens zumindest ein wenig die menschliche Sprache beherrschen. Begrüßen Sie sie auf Englisch.

Retten Sie per Hubschrauber die Besatzung eines sinkenden Fischerbootes

Was Sie unbedingt brauchen

- Einen Helikopter (z. B. Bell 407, Huey, Jet Ranger oder Blackhawk)
- Einen Piloten, einen Sanitäter, der als Rettungsschwimmer ausgebildet ist sowie einen Rettungsschwimmer, der als Notfallmediziner ausgebildet ist.
- Eine Langleine (ein 30-Meter-Stück 16 Millimeter starkes Seil von 5 Tonnen Zugkraft mit Befestigungspunkten an beiden Enden)
- Ein Rettungsgeschirr
- Ein Kummetgeschirr
- Einen einteiligen Taucheranzug, 7 Millimeter dick, mit Stiefeln, Handschuhen und integrierter Kapuze
- Eine selbstaufblasende Schwimmweste
- Eine schwimmende Nacken-Rücken-Stütze (eine Vorrichtung zur Stabilisierung von Rücken, Nacken und Kopf bei möglichen Wirbelsäulenverletzungen)
- Schwimmende Stroboskopleuchte
- Schwimmende Rauchmarkierung
- Einen so genannten Dye Marker (Seewasserfärber)
- Leuchtstäbe
- Medizinische Notfallausrüstung

Erforderliche Zeit

Von dem Zeitpunkt des Notrufeingangs bis zu dem Zeitpunkt, an dem Sie die Opfer ins Krankenhaus geschafft haben, etwa 60 Minuten.

 ## Hintergrund

Es gibt mehrere verschiedene Methoden, per Helikopter Menschen aus dem Wasser zu retten. Welche die richtige ist, hängt von der Situation, vom Wetter und der dem Rettungsteam zur Verfügung stehenden Ausrüstung ab. Unterschiedliche Rettungsdienste benutzen unterschiedliche Methoden, größtenteils weil Finanzierung und Aufträge unterschiedlich sind. Praktikabel sind sämtliche Techniken.

Die US-Küstenwache, die Organisation, die am stärksten mit der Helikopterrettung gleichgesetzt wird, verwendet gewöhnlich größeres Fluggerät mit Winchen. Bei einer solchen Vorgehensweise wird mindestens ein Rettungsschwimmer ins Wasser gelassen werden, um die Opfer einzeln auf eine Tragbahre oder in einen Korb zu legen oder in einem Geschirr festzuschnallen, so dass sie an Bord der Maschine gehoben werden können. Dieser Vorgang wird so lange wiederholt, bis alle aus dem Wasser heraus sind, wobei der Rettungsschwimmer als Letzter geht (oder gelegentlich zusammen mit dem letzten Opfer).

Diese Methode ist sehr praktisch, aufgrund der eher gemächlichen Geschwindigkeit der Winch jedoch langsamer als einige andere Methoden. Den Helikopter während einer solchen Rettungsaktion zu manövrieren, ist mit der Aufgabe zu vergleichen, mit verbundenen Augen einen großen Wagen am Straßenrand zu parken. Dies ist selbst für verdammt gute Piloten ein äußerst schwieriges Unterfangen.

Eine andere Methode, die öfter von örtlichen Such- und Rettungstrupps angewendet wird, die auf Seen oder in Küstennähe operieren, ist die »Langleine«. Sie ist schnell und effizient und für unsere Zwecke die beste Methode.

Wir gehen in diesem speziellen Szenario davon aus, dass es sich bei den Opfern um zwei Fischer in einem eher kleinen Boot vor der Küste von Sonoma County in Nordkalifornien handelt. Dichter Nebel ist aufgezogen; das Boot – ohne Radar – ist zu nahe an der Küste herumgestreift und in zweieinhalb bis drei Meter hohe Wellen geraten. Das Boot ist gekentert und die Männer befinden sich im Wasser, zwar mit Schwimmwesten, aber ohne Überlebensanzug. Die Gewässer hier sind kalt, um die 15, 16 Grad Celsius, und Unterkühlung und Ertrinken sind ernsthafte Risiken.

 Anweisungen

1. Der erste Anruf

Der erste Schritt einer solchen Rettungsoperation besteht darin, den Anruf von der meldenden Stelle entgegenzunehmen. Der Meldende kann ein einheimischer Fischer, der Notruf-Service oder ein aufmerksamer Passant mit Handy sein. Leiten Sie alle Informationen – die Position, die Anzahl beobachteter oder bekannter Opfer, ihre augenscheinliche Verfassung, die Bedingungen auf See etc. – zur Verwendung durch das Rettungsteam weiter.

2. Machen Sie sich bereit und steigen Sie auf

Sobald der Anruf von der Einsatzzentrale entgegenge-
nommen wird, versetzen Sie Ihre Crew in sofortige
Bereitschaft. Der Rettungsschwimmer (Sie) und der
Sanitäter sollten in Taucheranzüge steigen, während der
Pilot den Helikopter startklar macht und die Tür an
seiner Seite der Maschine aushängen lässt, um bessere
Sicht zu haben. Legen Sie jetzt auch Ihr Rettungsgeschirr an. Sobald alles vorbereitet ist, steigen Sie in den
Helikopter, heben ab und nehmen Kurs auf die gemel-
dete Stelle, um ein Suchmuster zu beginnen und Ret-
tungsoperationen einzuleiten.

3. Fliegen Sie das Suchmuster

Soweit Sie nicht sehr viel Glück haben oder die Meldung über den Unfallort nicht ausgesprochen präzise ist,
besteht der erste Schritt in der Suche nach den Opfern
darin, so gut wie möglich festzustellen, in welcher Verfassung sie sind. Lassen Sie den Hubschrauberpiloten zu
der gemeldeten Unfallstelle weiterfliegen und einen Dye
Marker oder eine Stroboskopleuchte ins Wasser werfen,
um Strömungsrichtung und -geschwindigkeit zu beobachten.

Der Pilot wird dann mit einem kreisförmigen
Suchmuster beginnen und vom Mittelpunkt spiralförmig
nach außen fliegen, während Sie zu dritt das Meer nach
einem Zeichen der Opfer absuchen. Bei rauem Wetter
oder Nebel empfiehlt sich eine langsame Suche. Bei
Dunkelheit nehmen Sie die Suchscheinwerfer des Helikopters zu Hilfe und halten Sie Ausschau, ob irgendwo
Schwimmwesten aufblitzen. Zögern Sie nicht, die Hilfe
anderer Schiffe oder Flugzeuge in dem Gebiet in Anspruch zu nehmen. Kreisen Sie so lange, bis Sie die Opfer

ausfindig gemacht haben. Weisen Sie den Piloten an, sich seitlich von den Opfern zu halten, damit sie nicht zu sehr vom Luftstrudel des Rotors durchgerüttelt werden, und machen Sie sich ein Bild vom Zustand der Opfer – ob sie gute Reaktionen zeigen, ob sie verletzt aussehen und wie viele es sind.

Werfen Sie einen weiteren Seewasserfärber oder eine Stroboskopleuchte ins Wasser, um die Stelle besser wiederzufinden, und fliegen Sie dann das nächste Stück Festland an, auf dem Sie aufsetzen können.

4. Hängen Sie sich in die Seile

Bringen Sie nach der Landung die Langleine an. Verbinden Sie ein Ende der Leine mit dem Haken an der Unterseite des Helikopters (im Notfall kann der Pilot die Leine vom Cockpit aus lösen). Klinken Sie einen Karabinerhaken zwischen Ihrem Rettungsgeschirr und dem Verschluss am anderen Ende der Langleine ein. Da zwei Opfer im Wasser sind, von denen eines verletzt zu sein scheint, müssen Sie sowohl sich als auch den Sanitäter an der Langleine festmachen und die schwimmende Nacken-Rücken-Stütze mitnehmen. Der Pilot kann sie Ihnen später nicht herunterlassen.

5. Ab ins Wasser

Sobald Sie eingeklinkt und bereit sind, wird der Pilot den Helikopter langsam hochsteigen lassen, bis kein Spiel mehr in der Leine ist, und Sie samt Sanitäter vom Boden heben. Zurück an der Unfallstelle wird der Helikopter tiefer gehen, bis Sie im Wasser sind. Machen Sie sich von der Langleine los und winken Sie den Piloten beiseite. Weil die Tür des Helikopters ausgehängt ist, hat er direkten Blickkontakt zu Ihnen. Weisen Sie ihn

Hängen Sie sich an der langen Leine ein, indem Sie einen Karabinerhaken benutzen, um Ihren Sitzgurt an der Leine zu befestigen. Benutzen Sie Handzeichen, um den Piloten zu dirigieren.

an, sich in der Nähe, aber dennoch weit genug weg zu halten, dass er Sie bei der Rettungsaktion nicht behindert.

Wichtige Anmerkung: Zwischen Rettungsschwimmer und Piloten gibt es keine Funkverständigung. Der Rotor- und Motorenlärm würde jede gesprochene Mitteilung übertönen. Daher gibt der Schwimmer dem Piloten alle Kommandos durch Gesten:
- nach oben zeigender und kreisender Arm: aufsteigen
- seitlich ausgestreckter Arm, langsam auf und ab winkend: tiefer gehen

- horizontal ausgestreckter Arm: Helikopterhöhe halten
- Arm, der sich auf Sie zubewegt: zurückkommen und abholen
- mit der Hand oben auf den Kopf schlagen: Planänderung, wir machen das hier anders
- Hände vor dem Schwimmer: Brauche einen Stokes-Korb. Dies bedeutet Rückkehr zur Küste, wo er befestigt werden muss. Normalerweise entsteht daraus keine Krise, da ein Stokes-Korb bei dieser Art von Rettung meist nur für die Bergung eines Leichnams verwendet wird.
- ausgestreckter Arm, der umknickt, um die Spitze des Kopfes zu berühren: Mir fehlt nichts.
- mit erhobenen Armen winken: Ich brauche Hilfe.

Sobald Sie im Wasser sind, nähern Sie sich vorsichtig und ruhig den Opfern. Stellen Sie sich Ihnen vor, versichern Sie ihnen, dass Sie sich um sie kümmern werden, dass alles in Ordnung ist und ihnen nichts geschehen wird. Die Unfallopfer dürfen auf keinen Fall in Panik geraten, weil sie dadurch Sie oder sich selbst zusätzlich gefährden. Eine Standardregel der Lebensrettung lautet, aus einer Einzelrettung niemals eine Doppelrettung zu machen, indem der Retter sich selbst in Gefahr bringt. Also beobachten Sie das Opfer sorgfältig und halten Sie es auf Armeslänge, falls es so aussieht, als gerate es in Panik.

Verschaffen Sie sich rasch einen Überblick und überzeugen Sie sich, dass die Opfer atmen und bei Bewusstsein sind. Schauen Sie nach, ob jemand verletzt oder unterkühlt ist, blutet oder es sonstige Probleme gibt.

Da eines der Opfer die Rücken-Nacken-Stütze braucht, sollten beide Schwimmer dem Betreffenden das

Geschirr anlegen. Gewöhnlich sind dazu zwei Mann erforderlich; Brust-, Schulter- und Beingurte müssen unbedingt fest angebracht werden, dürfen aber nicht zu stramm sitzen.

6. Festhaken und hochziehen

Die Opfer müssen eines nach dem anderen aus dem Wasser geholt werden. Geben Sie dem Helikopter mit den oben beschriebenen Handzeichen zu verstehen, dass er zurückkommen soll, um das erste Opfer zu bergen, und machen Sie die Nacken-Rücken-Stütze samt Sanitäter an der Langleine fest. Der Pilot wird abheben und Sie bei dem anderen Opfer zurücklassen, während der Sanitäter auf trockenes Land befördert wird, wo er alle medizinischen Notfallmaßnahmen einleitet und die Leine für die zweite Rettung mit einem Kummetgeschirr versieht, bevor der Pilot an den Schauplatz zurückkehrt.

Sobald der Pilot die Leine mit dem Kummetgeschirr zu Ihnen heruntergelassen hat, legen Sie dem Opfer das Geschirr unter den Armen hindurch um den Rücken. Haken Sie die Leine wieder ein und befestigen Sie auch Ihr eigenes Geschirr. Wenden Sie sich dem Opfer zu und umklammern Sie mit den Beinen seine Brust oder Taille; anschließend geben Sie dem Piloten das Startzeichen. Er wird Sie beide aus dem Wasser herausheben und dorthin zurückkehren, wo sich der Sanitäter mit dem ersten Opfer befindet. Er setzt Sie ab und landet danach den Helikopter. Fahren Sie mit den medizinischen Sofortmaßnahmen fort, schaffen Sie beide Opfer in den Helikopter, der zu einer fliegenden Ambulanz umgerüstet worden ist, und steuern Sie das nächste Krankenhaus mit Hubschrauberlandemöglichkeit an.

Entschärfen Sie an einer Geisel befestigte Bombe

Was Sie unbedingt brauchen

- Eine abgeschlossene Schulung an der Hazardous Device School am Redstone Arsenal, Huntsville, Alabama, USA
- Einen EOD-Anzug (EOD steht für Explosive Ordinance Disposal – Bombenentschärfungskommando), bestehend aus Aramidfaser und beschichtet mit Nomex (einem schwer entflammbaren Gewebe). Zu dem Anzug gehören ein Mantel mit Ärmeln, Kragen und Leistenschutz, eine Hose (die nur die Vorderseite der Beine bedeckt), Helm, Gesichtsschutz aus Polykarbonat sowie Brustschutz. Die spezielle Schutzkleidung enthält zudem ein Gebläse, das aus dem Bereich hinter Ihnen Frischluft ansaugt.
- Einen ferngesteuerten EOD-Roboter (optional)
- Tragbares Röntgengerät
- Bombentruck mit Behälter zum Eindämmen der Explosionsdruckwelle
- Chemische Suchgeräte
- Sandsäcke
- Sprengstoffe (einschließlich C4, Dynamit, TNT und Detcord)
- Diverse Werkzeuge und Materialien, darunter nichtmetallische Schneidwerkzeuge, so genannte Pickel (kleine Instrumente zum Bewegen oder

Trennen von Drähten, ähnlich einem Zahnscha-
ber), Schraubenzieher (Flachkopf, Kreuzschlitz-
und Roberts-Kopf), Holzhammer, Isolierband und
Gaffatape

Erforderliche Zeit

Etwa 60 Minuten

Hintergrund

EOD ist der Fachausdruck für das, was die meisten Leute
als Bombenräumkommando kennen. In den Vereinigten
Staaten gibt es ungefähr 2500 geprüfte Bombenräum-
experten, und sie sind eine seltene Gattung. Wie SWAT-
Leute arbeiten sie in Teams, sind aber häufig auch allein
am Werk, um die Zahl möglicher Opfer gering zu halten. Die Arbeit ist riskant, um so mehr, als viele Bombenleger dazu übergegangen sind, ihr Augenmerk hinsichtlich des Ziels von Gebäuden und Zivilisten auf die
Bombenräumkommandos selbst zu verlagern. Die Gründe liegen auf der Hand: Werden die Bombenräumkommandos außer Gefecht gesetzt, verringert dies die Gefahr
für den Bombenleger und sorgt für fette Schlagzeilen.

Die Sprengmittel und Situationen, denen Bombenräumkommandos sich gegenübersehen, reichen von
falscher Identität (ein harmloses Paket, das an unpassen-
der Stelle zurückgelassen wurde) bis hin zu ausgeklügel-
ten Vorrichtungen mit mehreren Detonationsschalt-
kreisen und Sicherungskomponenten gegen unbefugtes
Herumhantieren. Obwohl die meisten Sprengsätze un-

schädlich gemacht und zerstört werden können, sind einige wenige so konstruiert, dass es beinahe unmöglich ist, sie sicher zu entschärfen.

Die höchste Priorität eines Bombenräumkommandos heißt Leben retten, aber es wird auch versucht, die materiellen Schäden so gering wie möglich zu halten. Folglich legen die Mitglieder eines Bombenräumkommandos viel Wert darauf, eine Bombe vor Ort unschädlich zu machen. Man kann mittels einer Störkanone (im Grunde eine auf einen Dreifuß montierte Schrotflinte Kaliber 12) eine kleine Menge Wasser oder Aluminium in einen Sprengsatz schießen, um seine Hülle aufzureißen oder die Schaltkreise herauszuspülen.

Manche Sprengstoffe werden innerhalb eines Bunkers aus Sandsäcken aufgeschichtet und an Ort und Stelle mit einer Gegenladung zur Explosion gebracht. Wenn ein Roboter verfügbar (und zweckmäßig) ist, kann er eingesetzt werden, um die Sprengstoffe explodieren zu lassen oder fortzuschaffen.

Einen Sprengsatz tatsächlich anzufassen ist trotz erheblicher Fortschritte in Sachen Schutzausrüstung die am wenigsten verlockende Option. Wie ein Mitglied eines Bombenräumkommandos einmal sagte, bedeutet die Ausrüstung im *worst case*, dass man zwar stirbt, aber wenigstens eine passabel aussehende Leiche abgibt, auch wenn wahrscheinlich die Hände fehlen, da sie nicht geschützt werden können.

 ## Anweisungen

1. Die Situation
Eines der schwierigsten Szenarien für ein EOD-Team

ist der Versuch, die Kapitulation des Bombenlegers aus-
zuhandeln oder das SWAT-Team vorzuschicken, um den
Verbrecher auszuschalten oder zu töten. (Siehe »Führen
Sie eine Geiselbefreiung mit einem SWAT-Team
durch«, S. ☒) Wenn der Bombenbauer schlau war, wird
er einen Toter-Mann-Schalter gebastelt haben – einen
Zünder, den er in der Hand hält und der die Bombe zün-
det, sobald er ihn loslässt. In diesem Fall kann das
SWAT-Team ihn nicht erschießen, ohne das Leben der
Geisel zu gefährden. Man probiert es also zunächst mit
Verhandeln. Erst wenn die Gespräche scheitern, wird
das SWAT-Team versuchen, sich auf den Täter zu stür-
zen, ihn zu überwältigen und die Kontrolle über den
Zündmechanismus zu übernehmen. Mit Hilfe von
Gaffatape sorgen Sie dafür, dass der Zündschaltkreis
geöffnet bleibt, bis die Bombe entschärft werden kann.

Sperren Sie vor dem Eintreffen des SWAT-Teams
das Gebiet ab und evakuieren Sie Zivilisten und über-
flüssige Mannschaften. Die Grundregel lautet: Wenn Sie
den Sprengsatz (oder die Stelle, wo er sich befindet) von
Ihrem Standort aus sehen können, sind Sie zu nah dran.
Ratsam ist eine Räumung im Umkreis von mindestens
100 Metern.

Während Sie auf das SWAT-Team warten, das den
Terroristen ausschalten soll, ziehen Sie Ihren EOD-Anzug an. Machen Sie Geräte und Ausrüstung für einen
raschen Umzug in die Bombenzone bereit – wenn die
Bombe einen Zeitzünder hat, ist Geschwindigkeit entscheidend. Sie müssen jederzeit bereit sein loszulegen.

2. Nähern Sie sich dem Sprengsatz
Nachdem das SWAT-Team den Terroristen ausgeschaltet hat, wird es den Bereich von allen Personen ein-

schließlich des Terroristen (in Handschellen oder in einem Sack) räumen. Die einzigen Leute, die noch in der Nähe der Bombe verbleiben, sind die Geisel und das SWAT-Mitglied, das den Auslösemechanismus sichert. Kleben Sie den Zünder mit mehreren Lagen Gaffatape ab, um zu verhindern, dass er zufällig losgeht, und fordern Sie dann auch das SWAT-Mitglied zum Verlassen der Gefahrenzone auf. Falls möglich, klemmen Sie den Zünder ab.

Sobald Sie die Zündvorrichtung gesichert haben, gehen Sie auf die Geisel (und den Sprengsatz) zu, wobei Sie beiden Ihre vordere Körperseite zuwenden. Auch wenn Sie sich entfernen, bleiben Sie weiter der Bombe zugewandt. Nur so bietet Ihnen der Anzug maximalen Schutz.

Wichtige Anmerkung: Bevor Sie den Sprengsatz nicht auf seine Beschaffenheit untersucht und Gegenteiliges herausgefunden haben, gehen Sie davon aus, dass er sich per Funk zünden lässt. Vermeiden Sie alles andere als direkte mündliche Verständigung oder Mobiltelefone (die auf anderen Frequenzen senden als die normalen Funksender und -empfänger), bis Sie sich sicher sind.

3. Geben Sie der Geisel Schutz

Die Geisel befindet sich in einer schwierigen Lage. Angesichts einer unbekannten Menge an ihrer Brust befestigten Sprengstoffs dürfte sie extrem aufgeregt sein. Sie müssen also nicht nur die Bombe entschärfen, sondern auch die Geisel ruhig halten. Sollte sie plötzlich losstürzen, könnte die Erschütterung ausreichen, um eine vorzeitige Explosion auszulösen.

Sprechen Sie ruhig mit der Geisel und geben Sie klare Anweisungen. Sagen Sie ihr, Sie würden sie hier rausbringen. Bieten Sie ihr so viel Schutz, wie Sie können. Sagen Sie ihr, sie soll sich hinlegen, und errichten Sie um sie herum einen Sandsackbunker. Geben Sie der Geisel Helm, Weste, und Gesichtsschutz. Dies wird sie nicht vor den Wirkungen einer auf ihrer Brust explodierenden Bombe bewahren, sie aber vielleicht ein wenig beruhigen.

Nun zum schwersten und kühnsten Teil.

Ziehen Sie Ihre Schutzkleidung aus. Das kann ernsthafte Folgen für Sie haben, aber bei den hier gegebenen Umständen müssen Sie so effektiv wie möglich arbeiten können. Die EOD-Anzüge werden heiß und schränken Ihre Bewegungsfreiheit ein. Sie arbeiten schneller und wirkungsvoller ohne. Indem Sie Ihren Schutzanzug ablegen, zeigen Sie zudem der Geisel, dass Sie keine Angst haben.

4. Schätzen Sie den Sprengsatz ein

Beginnen Sie mit einer Sichtprüfung und -einschätzung des Sprengsatzes. Es kann sich um eine offensichtliche Bombe handeln, der Sprengsatz kann aber auch versteckt oder getarnt sein. Rohrbomben und alte Sprengmittel (Handgranaten, unbenutztes Dynamit etc.) sind relativ leicht zu entdecken. Doch seien Sie auf der Hut. Die Dinge sind nicht immer das, was sie zu sein scheinen.

Suchen Sie nach Stolperdrähten oder getarnten Bomben. Horchen Sie, ob der Sprengsatz tickende Geräusche macht. Suchen Sie nach einem Zeitzünder, aber Vorsicht: Ein offensichtlicher Zeitzünder ist vielleicht eine Attrappe oder nicht auf Minuten oder Sekunden eingestellt. Ein Bombenbastler könnte beispiels-

weise einen zweiten Zeitzünder als echten Zünder montieren. Handelsübliche Zeitschaltuhren sind relativ simpel, da sie zur Detonation ein mechanisches Uhrwerk
benutzen, und stellen deshalb kein großes Problem dar
(vorausgesetzt, es handelt sich um den echten Timer).
Bei einer solchen Konstruktion reicht es, die mechani-
schen Kontakte an der Uhr mit Isolierband zu unterbrechen. Kurz gesagt, Sie sollten einen Zeitzünder nicht
zum Maßstab dafür nehmen, wie viel Zeit Ihnen bleibt.

Sie können chemische Suchgeräte einsetzen, um
den Bereich zu analysieren und die Sprengstoffart zu bestimmen. Manchmal reicht auch eine Sichtprüfung. Typ
und Menge des Sprengstoffs sowie die Art und Weise,
wie er verpackt ist, helfen, die zu erwartende Wirkung
einer Explosion und damit das Risiko zu bestimmen.

Wenn die bloße Sichtprüfung nichts erbringt oder
Sie einen gewissen Kompliziertheitsgrad vermuten,
holen Sie das tragbare Röntgengerät und untersuchen
Sie das Innere der Bombe und die Zündvorrichtung.

5. Unterbrechen Sie den Zündschaltkreis
Wenn die Zündschaltkreise nicht sichtbar sind, verschaffen Sie sich vorsichtig Zugang zu ihnen und achten
Sie dabei auf getarnte Bomben. Entfernen Sie alle Abdeckungen oder wickeln Sie sie ab, aber denken Sie daran, dass der Zündschaltkreis in die äußere Verkleidung
integriert sein kann. Falls Sie schneiden müssen, benutzen Sie auf keinen Fall ein Messer mit Metallklinge. Zu
empfehlen sind keramische Klingen.

Legen Sie den Zündmechanismus frei und verfolgen
Sie die Drähte bis zur Batterie der Bombe. Finden Sie
heraus, wie sie verkabelt ist. Ein einfacher Regelkreis ist
leicht unschädlich gemacht, indem man die Batterie ab-

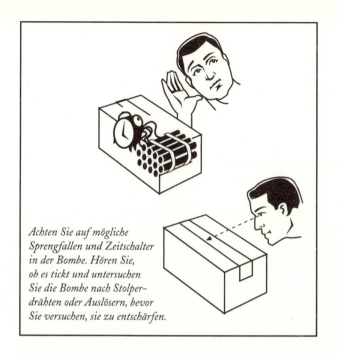

Achten Sie auf mögliche Sprengfallen und Zeitschalter in der Bombe. Hören Sie, ob es tickt und untersuchen Sie die Bombe nach Stolperdrähten oder Auslösern, bevor Sie versuchen, sie zu entschärfen.

klemmt oder die Zünddrähte durchschneidet. Suchen Sie nach Mehrfach-Schaltkreisen und Stromquellen oder ein durch ein Relais in Gang gesetztes Zündsystem. In letzterem Fall gibt es zwei Schaltkreise. Der erste erhält Strom, um ein Relais (im Grunde einen Schalter) geöffnet zu halten. Wird die Stromzufuhr zum Relais unterbrochen, schließt sich das Relais und der Strom fließt zu einem zweiten Schaltkreis, der die Bombe zündet.

Eine Bombe mit einem Relais können Sie nicht einfach durch Unterbrechung der Stromzufuhr entschärfen, denn wenn Sie die Stromzufuhr zum Relais unterbrechen, bringen Sie die Bombe zur Explosion. Sie müssen sich absolut sicher sein, diejenigen Drähte aufgespürt zu haben, die zu Batterien und Zündschaltkreisen führen und das Relais mit Strom versorgen.

Da ein schlauer Bombenbastler immer einen Relais-Schaltkreis verwenden wird, müssen Sie zuerst Zündschaltkreis und Zünder trennen. Die Farbe des Leitungsdrahtes ist unerheblich, Bombenleger sich nicht an irgendwelche Normen oder Regeln halten. Verfolgen Sie die Drähte, die von dem Relais zum Zünder führen. (Es wird mindestens zwei geben; trennen Sie beide durch.) Sobald der Zünder ausgeschaltet ist, ist die Bombe tot. Denken Sie daran: Manche Zünder, vor allem Zündkapseln, können auch losgehen, wenn sie instabil oder heftig genug erschüttert werden. Seien Sie weiterhin vorsichtig.

Befreien Sie das Opfer von dem Sprengsatz und sorgen Sie dafür, dass sie oder er in Sicherheit gebracht wird. Schaffen Sie den Sprengsatz von dem Gelände fort, legen Sie ihn in den Eindämmungsbehälter (einen verstärkten Tank, der die Druckwelle in Grenzen halten soll) und transportieren Sie ihn zum Schießplatz, um ihn dort zu entsorgen. Falls der Sprengsatz einen zu instabilen Eindruck für einen sicheren Transport macht, können Sie ihn mit Hilfe einer Gegenladung an Ort und Stelle zur Explosion bringen (schichten Sie dafür zuerst weitere Sandsäcke ringsum auf, um die Druckwelle einzudämmen).

Wichtige Anmerkung: Forensische Experten möchten eine Bombe vielleicht auf Fingerabdrücke oder andere Beweise hin untersuchen. Sehen Sie also zu, dass Sie alle Teile und Materialien im Auge behalten, die später von Nutzen sein könnten.

Vernichten Sie ein Atomraketensilo

Was Sie unbedingt brauchen

- Ein Atomraketensilo mit einer LGM-30G Minuteman-Interkontinentalrakete (ICBM; Intercontinental Ballistic Missile). Bevor Sie loslegen, brauchen Sie dafür die Genehmigung der US-Regierung.
- Einen geschlossenen Kipplader für den Raketentransport
- Ein Raketen-Sicherheitsteam, bestehend aus 15 bis 17 bewaffneten Angehörigen der Security Police (SP), unterstützt von 4 bis 8 zusätzlichen SP, die nicht mehr als 15 Minuten vom Schauplatz entfernt sind
- Ein Raketen-Wartungsteam (4 bis 8 Raketenspezialisten)
- Zwei Funkgeräte
- Missile Electronic Encryption Device (MEED)-Einheiten – Geräte zum Senden und Empfangen verschlüsselter Codes für die Raketen
- Dynamit auf Nitroglyzerin-Basis, etwa 500 bis 1000 Kilogramm
- 18-Gran-Zündkabel
- Elektrische Zünder
- HBR-20P-Zündmaschine
- Gewebeklebeband (Gaffatape)
- Betonbohrer und Bohrausrüstung

- Genehmigung Nr. 33 (Benutzer hochexplosiver Sprengstoffe) vom US-Bureau of Alcohol, Tobacco and Firearms (ATF), plus Lizenzen oder Genehmigungen des jeweiligen US-Bundesstaates
- Schweres Gerät einschließlich Baumaschinen für Erdbewegungen
- Allgemeine Haftpflichtversicherung, die auch Eigentumsschäden durch Explosion und Einsturz abdeckt, mit einer kombinierten Mindestdeckungssumme von jeweils 10 Millionen US-Dollar

Erforderliche Zeit

Ungefähr acht Wochen, einschließlich der Zeit für das Überprüfen der Sicherheitsvorkehrungen, Planung und Organisation, Abtransport der Rakete sowie Abriss von Silo und Nebengebäuden.

Hintergrund

Als Folge nachlassender Spannungen zwischen Russland und den Vereinigten Staaten sowie mehrerer Abrüstungsverträge verringerte sich der Bedarf an einer großen atomaren Streitmacht als Mittel der Abschreckung. Entsprechend haben beide Länder die Beseitigung überschüssiger Waffenbestände, Abschusssysteme (Raketen, U-Boote, Bomber etc.) und Nebengebäude (wie Raketensilos) in Angriff genommen. Mit der Zeit wurden ältere Waffen ausrangiert (in manchen Fällen wird die Rakete oder das Flugzeug seitdem für friedliche Zwecke wie den Abschuss von Satelliten verwendet, aber häufig werden sie zerstört), und selbst einige der neueren Waffen wurden beseitigt.

Die Minuteman III ICBM ist eine der Komponenten dessen, was als US-Triade bezeichnet worden ist: diese besteht aus U-Boot-gestützten Raketen wie Polaris und Trident, aus der Luft abfeuernden – oder abwerfbaren Waffen wie Schwerkraftbomben und Cruise Missiles sowie eben aus landgestützten ICBM's wie die Minuteman-Serie und die MX Peacekeepers.

Die Minuteman ist eines der altgedientesten Waffensysteme im US-Arsenal. Die Konstruktion der Serie stammt aus den fünfziger Jahren, und die Minuteman I wurde in den frühen Sechziger Jahren stationiert, dicht gefolgt von der Minuteman II. Um 1970 wurden in gehärteten Silobauten im oberen Mittelwesten und in der Mitte der Vereinigten Staaten ungefähr 500 Minuteman III stationiert. Jede Rakete besteht aus einer dreistufigen Feststoff-Trägerakete mit einer Reichweite von knapp 10 000 Kilometern bei einer Geschwindigkeit von ungefähr 25 000 Stundenkilometern. Jede Rakete sollte ursprünglich mehrere ihr Ziel unabhängig ansteuernde so genannte Wiedereintrittskörper, MIRV (multiple independently targeted reentry vehicles)-Gefechtsköpfe transportieren, doch aufgrund von Vereinbarungen zwischen den Supermächten wurden die Sprengköpfe auf einen pro Rakete begrenzt.

Die Silobauten für die Minuteman-III-Raketen liegen in einem ziemlich unbewohnten Gebiet. Jeder Silo besteht aus einem verstärkten und gehärteten Betonzylinder von etwa 15 Metern Durchmesser, in dessen Mitte eine Röhre nach unten verläuft, die die Rakete aufnimmt. Der Silo ist mit einer auf Schienen montierten massiven Stahlbetontür bedeckt. Zu jedem Silokomplex gehören eine eigene Stromerzeugung, Belüftung, Kommando- und Kommunikationssysteme sowie Verbindungen über unterirdische Leitungen und UKW-Funk mit der Kommandozentrale.

Frühe Atomraketen wurden jeweils von einer zugehörigen Gefechtsmannschaft in einem angrenzenden Gebäude bedient. Neuere Raketen jedoch sind mit zehn Silos unter dem Kommando einer einzigen Mannschaft zusammengeschlossen (mit Sicherungskontrolle beim Abschuss von anderer Seite, darunter in der Luft befindliche Mannschaften im Kommandoflugzeug). Die Mannschaften überwachen und warten die Raketen von einer Kommandozentrale aus, die 30 Meter unter der Erdoberfläche vergraben ist, und fungieren während des Abtransports der Rakete als Teil des Teams.

 Anweisungen

1. Nähern Sie sich Vorsichtig

Eine Atomrakete wird von den Soldaten, die zu ihrer Bewachung abgestellt sind, stets mit höchstem Respekt und größtmöglicher Sicherheit behandelt. Selbst eine Rakete, die abtransportiert und beseitigt werden soll, kann in den falschen Händen immer noch großen Schaden anrichten, entsprechend werden der Gefechtskopf sowie das in ihm enthaltene Nuklearmaterial (Uran und Plutonium) ständig bewacht. Bis der Gefechtskopf den Bereich des Silos tatsächlich verlässt, müssen Sie mit strengen Sicherheitsvorkehrungen und omnipräsenten bewaffneten Posten rechnen.

Nähern Sie sich dem Raketensilo niemals ohne regelmäßige Kommunikation und Überprüfung der Sicherheitvorkehrungen. Zudem kommen Sie ohne Zugang-scodes, spezielle Schlüssel und die ständige Beaufsichti-gung der SP nicht an die Rakete heran.

Melden Sie sich zunächst am Hauptstützpunkt an. Ihr Verbindungsoffizier dort wird Ihnen eine Reihe von Codes geben, die Sie für die Verifizierung während der Arbeit brauchen, bis die Rakete abtransportiert wird, da-zu die Schlüssel zum Öffnen der Silotüren. Außerdem wird Ihnen eine MEED-Einheit ausgehändigt, eine kleine gelbe Schachtel von der Größe eines Taschen-computers, die verschlüsselte Verifizierungscodes ausgibt und empfängt. Achten Sie darauf, dass Ihre Funk-frequenzen in Abstimmung mit den SP immer richtig eingestellt sind.

Begeben Sie sich in einem Konvoi der Sicherheits- und Wartungsteams weiter zum Silogelände und melden Sie sich alle 15 Minuten neu an. (Denken Sie daran, dass sie in beträchtlicher Entfernung von der nächsten An-siedlung oder Stadt arbeiten werden, also planen Sie voraus und bringen Sie alles Notwendige mit; ziehen Sie passende Kleidung an.)

Während Sie sich dem umzäunten Bereich um den Silo nähern, werden Sie auf eine gestaffelte Sicher-heitsüberwachung stoßen, mit der das Gelände ge-schützt und kontrolliert wird. Dazu gehören vergrabene Sensoren, die Bewegungen registrieren, bevor Sie zum Zaun kommen, Sensoren, die auf jede Störung am Zaun reagieren, und Bewegungsmelder, die Bewegungen in-nerhalb der eingezäunten Zone melden. Sie können nicht durch den Sicherheitszaun zum Silo vorstoßen, ohne dass die Geschützmannschaft der Rakete, die Mis-sile Combat Crew (MCC), alarmiert wird. Wenn Sie sich nicht mit ihr und dem Flight Security Controller

(FSC), dem Leiter der Flugsicherheit, in Verbindung setzen, wird als Reaktion eine bewaffnete Gruppe zum Silo geschickt, um nach dem Rechten zu sehen.

Nehmen Sie per Funk Kontakt zum FSC auf und verifizieren Sie über das MEED die Zugangscodes Ihres Teams. Der FSC wird sich anschließend mit der MCC in Verbindung setzen und Ihnen die Genehmigung zum Betreten des Geländes beschaffen. Erst dann dürfen Sie weitergehen.

2. Offnen Sie A, öffnen Sie B, öffnen Sie die Silo-Türen

Der Chef des Sicherheitssonderkommandos wird sich mit dem FSC in Verbindung setzen und Zugangscodes für die ersten drei Türen erhalten, die geöffnet werden müssen, um den Silo erreichen zu können. Die *A-pit* ist eine kleine runde Stahlluke, die mittels einer Kombination und eines Schlüssels freigegeben wird. Diese Tür wird das Sicherheitsteam öffnen. Sobald dies geschehen ist, wird sich das Sicherheitsteam zurückziehen, und das Wartungsteam wird die nächste Tür öffnen, die so genannte *B-plug*, die größer ist und fast so aussieht wie ein Flaschenkorken. Die B-plug wiegt etwa 7 Tonnen und wird von Stahlstiften an ihrem Platz gehalten. Sobald sie mit Hilfe einer Reihe weiterer Zugangscodes entriegelt ist, fällt sie nach unten und gibt den Weg zum Silo selbst frei, ein Vorgang, der 30 bis 45 Minuten dauert. Die Aufteilung des Zugangs zwischen A-pit und B-plug ist Teil der Sicherheitsmaßnahmen, die verhindern sollen, dass irgendein Einzelner sich Zugang zum Silo verschafft.

Sobald die B-plug zurückgezogen wurde, betreten Sie das Silo. Sie haben nun Zugang zur Steuerung für die Silotüren im Innern des Silos. Setzen Sie von der Schalttafel aus das Zurückfahren der Silotür in Gang, um Zugang zur Rakete zu erhalten. Dies wird weitere 15 Minuten dauern. Bei einem tatsächlichen Abschuss oder im Krisenfall kann die Silotür binnen Sekunden zurückgleiten, aber für Ihre Arbeit ist das nicht nötig. Ihr Vorgehen wird auch von russischen und chinesischen Militärsatelliten scharf beobachtet werden, ein plötzliches Öffnen des Silos würde bei ihnen Alarm auslösen. Also sollte man unbedingt ruhig, gelassen und nach Schema F zu Werke gehen.

3. Entschärfen und entfernen Sie die Rakete

Bevor Sie sich an die Vernichtung machen können, transportieren Sie die Rakete ab. Im Gegensatz zu früheren Raketengenerationen benutzt die Minuteman III eine Feststoff-Trägerrakete, was bedeutet, dass der Brennstoffvorrat der Rakete nicht abgelassen werden muss (eine an sich schon recht gefährliche Aufgabe). Allerdings ist die Rakete durch gehärtete Kontroll-Leitungen mit der MCC verbunden. Solange diese Leitungen intakt sind, ist jederzeit ein Abschuss möglich. Ihre erste Aufgabe besteht darin, die Leitungen zu unterbrechen, die über das elektronische Versorgungskabel, das Silo und Rakete verbindet, zu erreichen sind.

Sobald Sie die Silotür geöffnet und das Versorgungskabel unterbrochen haben, fahren Sie den Kipplader für den Raketentransport rückwärts an den Rand des Silos und richten den Container auf der Ladefläche in einem 90-Grad-Winkel auf. Bei korrekter Ausführung zeigt der Raketencontainer senkrecht nach oben und steht direkt über der Rakete.

Sobald die Bunkertür geöffnet wird, positionieren Sie das Raketenabfang-fahrzeug direkt oberhalb der Rakete.

Lassen Sie die Ausziehvorrichtung, ein hydraulisches System von Kabeln, von dem Transporter herunter und verbinden Sie die Kabel mit dem Adapterring unter der Rakete.

Sobald der Auszieher angeschlossen und nochmals überprüft worden ist, heben Sie die Rakete langsam in den Kipplader. Seien Sie sehr vorsichtig und achten Sie darauf, dass sie nicht hin und her schaukelt oder gegen die Wände des Silos stößt. In diesem Stadium spielt Geschwindigkeit keine Rolle, Sicherheit schon.

Wichtige Anmerkung: Trotz der Tatsache, dass die Trägerakete einen Atomsprengkopf mit der vielfachen Zerstörungskraft der Hiroschima-Bombe enthält, ist sie jetzt vergleichsweise sicher. Ohne die richtigen Berechtigungscodes kann der Gefechtskopf nicht zur Explosion gebracht werden, und seine Zündschaltkreise sind gehärtet und reagieren nicht auf verstreute Funksignale. Die einzige Gefahr geht von Feuer aus, das die hochexplosiven Stoffe, die den Kern der Waffe umgeben, zur Detonation bringen könnte. Diese Explosivstoffe sind so beschaffen, dass der Kern erst dann kritisch wird, wenn sie in einer bestimmten zeitlichen Abfolge gezündet werden. Allerdings wird die Detonation der Hochexplosivstoffe den Sprengkopf zerstören und radioaktive Stoffe über der unmittelbaren Umgebung freisetzen. Außerdem besteht die Gefahr, dass der Brennstoff der Trägerrakete in Brand gerät, was allerdings angesichts der Brennstoffsorte höchst unwahrscheinlich ist.

Sobald die Rakete sich vollständig im Innern des Kippladers befindet, sichern Sie sie für die Reise. Senken Sie den Container ab, schnallen Sie die Rakete fest und schließen Sie die hintere Tür. Rakete, Sicherheits- und Wartungsteam werden zusammen in einem Konvoi in Richtung Hauptstützpunkt fahren, wo Wiedereintrittskörper und Gefechtskopf entfernt werden. Die Trägerrakete wird entweder zerstört oder als Startrakete für einen Satelliten wiederverwendet.

4. Machen Sie den Bau abrissbereit

Jetzt, da die Rakete entfernt und nicht mehr auf dem Gelände ist, machen Sie sich daran, den Silo für den Abriss vorzubereiten. Montieren Sie sämtliches wiederverwertbare Material ab und schaffen Sie es fort. Entleeren Sie die Treibstofftanks des Stromgenerators und entsorgen Sie das Öl gemäß örtlichen und landesweiten Umweltstandards. Der Generator muss zusammen mit der Fernmelde- und Kontrollausrüstung auseinander gebaut und zur Wiederverwendung oder als Schrott vom Gelände abtransportiert werden. Der für Arbeitslampen oder Werkzeuge nötige Strom wird soweit erforderlich vom örtlichen Elektrizitätswerk oder einem tragbaren Generator geliefert.

Andere Gegenstände einschließlich Motoren, Lampen, elektrische Leitungen etc. können abtransportiert und ans Militär zurückgegeben oder, soweit geeignet, an eine Anlage für Recycling und Entsorgung geschickt werden. Ziel ist es, das Gelände so weit wie möglich wieder in seinen ursprünglichen Zustand zurückzuversetzen und keine nachhaltigen Spuren oder Verunreinigungen zu hinterlassen, mit denen der Grundeigentümer sich herumschlagen muss.

Bauen Sie den Zaun und sämtliche Sicherheitssensoren ab und unterbrechen oder kappen Sie die Kontrollleitungen. Das örtliche Stromunternehmen soll die elektrischen Leitungen stillegen.

Sobald die überschüssige Ausrüstung entfernt worden ist, montieren Sie die Silotür von der Schienenführung und transportieren Sie sie per Tieflader zum Recyceln.

5. Bohren und stopfen

Einen Silo abzubrechen ist keine besonders komplizierte Aufgabe, erfordert aber eine ziemliche Menge an Feuerkraft. Bei dem Bau handelt es sich um einen ungefähr 25 Meter tiefen Zylinder aus stahlverstärktem, äußerst festem Beton mit über drei Meter dicken Wänden. Der ringsum von gestampfter Erde umgebene Silo sollte konventionelle Bomben und Beinahe-Treffer durch Atomwaffen überstehen.

Die beste Methode, einen Silo dieser Art zu zerstören, besteht darin, ihn implodieren zu lassen. Das bedeutet Zertrümmern des Betons, der anschließend in den Silo gekippt wird. Es ist nicht notwendig, den ganzen Silo implodieren zu lassen; es reicht, den Beton im oberen Teil des Silos zu zertrümmern und in den unteren Teil des Silos zu kippen, um den Silo funktionsunfähig und irreparabel zu machen.

Bohren Sie zuerst in drei konzentrischen Ringen Löcher von 3,8 Zentimetern Durchmesser etwa 1,20 Meter gerade nach unten in die Betonwand. Die Ringe sollten etwa 60 Zentimeter vom Rand der Einfassung entfernt einsetzen, zwischen den Ringen sollte der gleiche Abstand sein. Der innere und der äußere Ring sollten, bei einem abweichenden mittleren Ring, auf einer gemeinsamen Linie liegen, die sich von der Mitte des Loches aus erstreckt. Bohren Sie in jeden Ring 16 Löcher, insgesamt also 48.

Stopfen Sie diese Löcher mit Dynamit, wobei Sie pro Kubikyard (0,765 m^2) etwa ein viertel Pfund Sprengstoff verwenden. Das Betonvolumen lässt sich bestimmen, indem Sie das Volumen des Raums errechnen – definiert durch die Tiefe des Zylinders und seinen Radius – und davon das »leere« Innenvolumen abziehen. Die Gleichung sieht folgendermaßen aus:

$$((\Pi \times r_o^2 \times D) - ((\Pi \times r_i^2 \times D) = V$$

Π ist der Wert »Pi«, ungefähr 3,14159, r_o ist der Radius (die Entfernung von der Mitte des Rings zu seinem äußeren Rand) des äußeres Zylinders, r_i ist der Radius des inneren, leeren Zylinders und D ist die Tiefe der Silowand unterhalb der Oberfläche (alle diese Maßangaben sind in Fuß angegeben). V ist das abschließende Betonvolumen in Kubikfuß. Dividieren Sie V durch 27, um Kubikyards zu erhalten.

6. Schuss! Schuss! Schuss!

Ein wenig Paranoia ist zu diesem Zeitpunkt eine gute

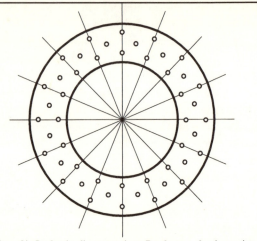

Bohren Sie Löcher in die zementierte Bunkerwand, wie gezeigt.
Die Löcher müssen nicht durch den gesamten Zement reichen.
Stopfen Sie die Löcher mit Sprengstoff, der ausreicht, eine Zement-
wand zu zerstören.

Sache. Seien Sie drei Stunden vor der Zündung am Ort des Geschehens und beginnen Sie mit der abschließenden Inspektion des Zündsystems. Die Sicherheits- und Schutzmannschaften sollten jetzt anfangen, den Bereich von sämtlichen Personen zu räumen, zu sichern und abzusperren.

Bringen Sie etwa 45 Minuten vor der Zündung Beobachter in Stellung, die das Gelände im Auge behalten, nach Unbefugten Ausschau halten und sich Notizen über die Wirkungen der Implosion machen.

15 Minuten vor der Detonation sollte der Bereich geräumt sein, auch die Leute vom Sicherheitsdienst sollten die Sicherheitszone, einen mindestens 200 Meter breiten Gürtel, verlassen.

Kommunikation ist zu diesem Zeitpunkt das A und O. Prüfen Sie ein letztes Mal die Verständigung und sorgen Sie unbedingt dafür, dass zwischen den beteiligten Parteien fest zugewiesene Funkkanäle offen sind.

5 Minuten, bevor es losgeht, schließen Sie die Zündmaschine an die Zündkabel an.

Bei 120 Sekunden bis zur Detonation lösen Sie die Zwei-Minuten-Warnung aus: zwei Zwei-Sekunden-Sirenentöne.

Bei einer Minute lösen Sie einen einzelnen Ein-Sekunden-Sirenenton aus.

Wenn es nur noch 25 Sekunden sind, wärmen Sie die Zündmaschine an und überzeugen Sie sich von ihrer Funktionstüchtigkeit.

Bei 10 Sekunden bis zur Zündung beginnen Sie laut rückwärts zu zählen. Bei fünf zählen Sie leise bis eins, wobei Sie die Funkkanäle offen lassen, damit die Sicherheitleute »Stop« durchgeben können, falls sie jemanden entdecken, der auf das Gelände zu gelangen versucht. Sobald Sie bei eins angelangt sind, geben Sie an alle Stationen durch: »Feuer«.

Drücken Sie den Zündschalter.

Wichtige Anmerkung: Viele der Raketensilos wurden auf privatem Farmland errichtet und nicht in Regierungsreservaten. In manchen Fällen haben ansässige Farmer und Landbesitzer 30 Jahre ihres Lebens mit den Raketen zugebracht, und eine ganze Menge von ihnen werden froh sein, die Waffen verschwinden zu sehen. Vielleicht möchten Sie dem Grundeigentümer anbieten, dass er selbst den Zündschalter betätigt.

7. Verfüllen Sie und decken Sie ab

Sobald die Detonation vorbei ist und der Staub sich
setzt, rücken Sie mit Ihren schweren Maschinen an, um
sämtliche Trümmer wegzuräumen und den Schutt in die
Mitte des Silos zu schieben. Überschüssiger Dreck,
Beton und andere Materialien können in das Loch
geschaufelt und zusammengepresst werden, um ein
Absacken zu verhindern.

Retten Sie einen Astronauten

Was Sie unbedingt brauchen

- Ein Sojus-Raumschiff, Modell TM (an die internationale Raumstation ISS angedockt), mit Navigationscomputer und fernsteuerbarer vorderer Luftschleuse
- Radar- und Laserentfernungsmessgerät
- Einen detaillierten Einblick in die Funktionsweise des Orbit und eine Ausbildung im Manövrieren und Andocken
- Drei bis fünf Mann als Besatzung in der Station
- Mündliche und schriftliche Grundkenntnisse im Russischen

 ## Erforderliche Zeit

Höchstens sechs Stunden

 ## Hintergrund

In der Vorbereitung ihres ehrgeizigen Ziels, einen Amerikaner auf den Mond zu bringen, entwickelte die NASA Methoden, getrennte Raumschiffe im Orbit zusammenzuführen und anzudocken. Die frühesten, innerhalb des Gemini-Programms durchgeführten Andockversuche zeigten vor allem, was für ein schwieriges Unterfangen dies darstellte. Im Jahr 1965 unternahm Gemini 4 einen ersten Versuch zu einem Rendezvous mit der ausgebrannten zweiten Stufe der Startrakete. Pilot Jim McDivitt gelangte zu dem Schluss, dass es zwecklos war, die Gemini-Kapsel mittels Instinkt und Sichtbeobachtung lenken zu wollen. Ohne Radar war es unmöglich, die Entfernung zur Trägerakete exakt einzuschätzen, und wenn er versuchte, sich der Rakete zu nähern, indem er das Ziel anvisierte und seine Hecktriebwerke zündete, vergrößterte sich sogar die Distanz zwischen den beiden Fahrzeugen.

Den Grund für dieses Phänomen findet man beim Studium der Newtonschen Mechanik, derjenigen Mathematik, mit der sich die Bewegung eines Körpers im All berechnen und ändern lässt. Wenn ein Körper im Orbit seine Geschwindigkeit ändert, beispielsweise wenn die Triebwerke am Heck des Raumschiffes gezündet werden, um ein anderes Raumschiff in der Umlaufbahn einzuholen, wird das eigene Raumschiff an Höhe gewinnen. Zwar steigt die Reisegschwindigkeit, auch Lineargeschwindigkeit genannt, doch da sich die Entfernung von der Erde vergrößert, ist die Umlaufbahn länger, wodurch die Geschwindigkeit, mit der das Raumschiff diese Umlaufbahn vollendet (gemessen als Winkelgeschwindigkeit) abnimmt.

Gemini 4 hatte durch das Zünden der Triebwerke die Geschwindigkeit erhöht und deshalb eine größere Höhe erreicht. Obwohl die Raumkapsel schneller flog als die zweite Trägerstufe, versuchte sie eine größere Umlaufbahn zurückzulegen, mit dem Resultat, dass sie zurückfiel.

Seit den Zeiten von Gemini 4 ist das Rendezvous im Weltraum zu einem regelmäßigen Ereignis geworden. Amerikanische Missionen haben Satelliten wie das

Hubble-Weltraumteleskop getroffen, und sowohl amerikanische als auch russische Raumschiffe wurden im Orbit so oft aneinander, an der Raumstation MIR oder an der neuen ISS angedockt, dass es ganz leicht erscheint. Dieser Eindruck trügt jedoch, weil es in all diesen Fällen reichlich Zeit zur Planung und Vorbereitung gab, die Umlaufbahn des Ziels bekannt war und der Start des Raumschiffes sehr präzise bestimmt werden konnte, sodass sich die Notwendigkeit zu manövrieren auf ein Mindestmaß reduzierte. Die meisten Weltraumrendezvous werden sorgfältig konzipiert und durchgeführt, um die nur begrenzt verfügbaren Treibstoffvorräte zu schonen. Schließlich hängt von denen die Sicherheit der jeweiligen Besatzung ab.

Zur selben Zeit haben Astronauten und Kosmonauten begonnen, Weltraumspaziergänge zu unternehmen (so genannte EVAs – Extra Vehicular Activities, Außenbordeinsätze) und außerhalb der ISS und ihrer Raumfahrzeuge zu arbeiten. Wenn ein Astronaut sein Raumschiff verlässt, wird er zu einem weiteren separaten Körper im Orbit mit all den damit verbundenen Risiken, von winzigen Meteoriten oder Weltraumschrott, deren Aufprall er ausgesetzt ist, bis hin zu verstärkten Dosen an Sonnenstrahlung. Der Gefahr, von der ISS oder dem Raumschiff getrennt zu werden, begegnet man mit Halteseilen und dem Einsatz von Raumanzügen mit Jetpacks (»Düsenrucksäcken«), die Korrekt Extravehicular Mobility Unit (EMU) oder Simplified Aid For Extravehicular Activity Rescue (SAFER) heißen. EMUs sind für die frei schwebende Bewegung ohne Halteleine (beispielsweise in der Nähe des Shuttle oder der Sojus) konzipiert, wohingegen SAFERs zur Rettung im Notfall gedacht sind. Beide Vorrichtungen verringern die mit einem Außenbordeinsatz verbundenen Gefahren enorm. Trotzdem bleibt ein Risiko bestehen.

Jeder, der in den Weltraum geschossen wird, muss die physische, geistige und psychische Stärke haben, mit den Belastungen und Risiken fertig zu werden, die mit dem Beruf Hand in Hand gehen. Die ersten Kosmonauten und Astronauten waren Militärpiloten, viele davon mit Kampferfahrung, und neigten als solche nicht zu Panik.

Gegenwärtig ist das Weltraumprogramm so beschaffen, dass immer mehr Spezialisten und zivile Mannschaften in den Weltraum fliegen, von denen viele nicht über die Spezialausbildung von Kampfpiloten verfügen. Zudem besteht, ob Militärausbildung oder nicht, immer die Gefahr, dass ein Mensch in einer aussichtslosen Situation in Panik gerät.

Personen, die in Sachen Rettungsaktionen geschult werden, schärft man ständig ein, eine Situation und einen Schauplatz zu kontrollieren und allen Anwesenden Aufgaben und Verantwortlichkeiten zuzuweisen. Indem Sie dieses Maß an Führung demonstrieren, wecken Sie Vertrauen, sorgen dafür, dass die Leute sich auf das zentrale Problem (die Rettung im Gegensatz zu ihrer Angst oder Belastung) konzentrieren, und verhindern, dass kostbare Minuten vergeudet werden.

 Anweisungen

1. Geraten Sie nicht in Panik

Ihr erster Schritt besteht darin, die Kontrolle zu übernehmen und herauszufinden, was passiert ist. Im vorliegenden Fall ist es zu einem Riss in einem Gastank gekommen, während ein Astronaut draußen an der ISS arbeitete. Die Halteleine des Astronauten wurde durchtrennt und die Explosion hat den Astronauten von der Station fortgeschleudert, ihn dabei nach unten und von Ihnen weg gedrückt.

Nehmen Sie sofort Kontakt zu dem Astronauten auf. Ist er bei Bewusstsein. Ist sein Anzug beschädigt oder verliert er Sauerstoff? In welchem Zustand ist sein Hauptlebenserhaltungssystem, zu dem der Sauerstoffvorrat und die CO_2-Filter gehören? Normalerweise reicht dieses System für etwa acht Stunden, allerdings verfügt es nicht mehr über volle Reserven, wenn es längere Zeit draußen war oder stark beansprucht wurde. Prüfen Sie den Zustand seines sekundären Sauerstoffsystems (Secondary Oxygen Pack – SOP), bestehend aus zwei Sauerstofftanks, die für weitere 30 Minuten reichen. Kontrollieren Sie, ob seine SAFER-Einheit noch funktioniert.

Wenn ja, sollten Sie den Astronauten als Erstes anweisen, sich in Richtung ISS zu orientieren und den SAFER zu benutzen, um sein Davontreiben zu stoppen und, wenn möglich, zur ISS zurückzukehren. Wenn er nicht genügend Treibstoff hat, um es zurück zu schaffen, wird der SAFER-Einsatz zumindest die Distanz verringern oder seine Position in Bezug auf die Station stabilisieren. Wenn nicht, wie in diesem Fall, wird der Astronaut in eine unabhängige Umlaufbahn einschwenken und sich weg von der ISS in unsichere Gefilde bewegen.

Während Sie die Lage einschätzen, lassen Sie die Besatzung der ISS die Position des Astronauten per Radar überwachen und Geschwindigkeit und Richtung notieren. Machen Sie außerdem die Sojus-Rettungsfähre der ISS einsatzbereit. Zum Glück wird die Sojus dauernd in Alarmbereitschaft gehalten, was einen schnellen Start ermöglicht. Weisen Sie die Besatzung an, auf Grundlage der per Radar gesammelten Informationen eine Abfangroute auszuarbeiten. Geben Sie diese in den Navigationscomputer der Sojus ein.

Setzen Sie sich mit der Flugsicherung der ISS in Verbindung und informieren Sie sie über die Lage und Ihren Rettungsplan. Vielleicht wird man Ihnen mit Rat und Tat zur Seite stehen, dennoch werden Sie, abgesehen von guten Wünschen, mit den Mitteln auskommen müssen, die Sie zur Verfügung haben.

2. Starten Sie die Sojus

Steigen Sie in die Sojus. Nehmen Sie einen zusätzlichen Astronauten mit, der Ihnen bei der Rettung hilft. Vergewissern Sie sich, dass Sie die Daten der Umlaufbahn des Astronauten in Ihren Bordcomputer eingegeben haben. Damit können sie bei den Orbitmanövern, die Sie durchführen müssen, auf Computersteuerung zurückgreifen, was die Operation enorm erleichtern wird.

Schließen und verriegeln Sie die Einstiegsluke der Sojus und schnallen Sie sich auf dem Pilotensitz fest. Koppeln Sie sich von der ISS los und entfernen Sie sich mittels der Steuertriebwerke von der Station, bis Sie von allen ISS-Komponenten Abstand gewonnen haben.

Bringen Sie die Sojus mit Hilfe des Navigationscomputers auf eine Umlaufbahn, die parallel zu der des verloren gegangenen Astronauten verläuft. Zünden Sie die vorderen Triebwerke, um die Geschwindigkeit zu drosseln, wodurch das Raumschiff auf eine Umlaufbahn unterhalb der des Astronauten sinkt. Ihre Lineargeschwindigkeit wird gedrosselt, ihre Winkelgeschwindigkeit jedoch zunehmen, was Ihnen erlaubt, Ihr Ziel

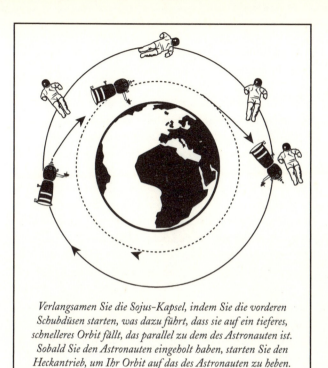

Verlangsamen Sie die Sojus-Kapsel, indem Sie die vorderen Schubdüsen starten, was dazu führt, dass sie auf ein tieferes, schnelleres Orbit fällt, das parallel zu dem des Astronauten ist. Sobald Sie den Astronauten eingeholt haben, starten Sie den Heckantrieb, um Ihr Orbit auf das des Astronauten zu heben.

einzuholen. Halten Sie die ganze Zeit Funkkontakt mit dem Astronauten und vergewissern Sie sich, dass er ruhig und konzentriert bleibt. Teilen Sie der ISS Ihre Lage mit.

3. Stimmen Sie die Umlaufbahnen ab

Sobald Sie aufgeholt haben, wird der Navigationscomputer Ihnen anzeigen, wann Sie Schub geben müssen, um höher zu steigen und Ihre Umlaufbahn anzupassen. Nähern Sie sich dem Astronauten von unten und ein wenig von der Seite. Der Computer müsste Sie bis auf

15 bis 30 Meter an ihn heranbringen können. Schalten Sie jetzt auf manuelle Steuerung um.

Die Sojus ist mit mehreren Steuertriebwerken ausgerüstet, die in die entgegengesetzte Richtung des Verctors zünden, auf dem das Raumschiff sich bewegen muss. (Denken Sie daran, dass das Raumschiff zwar in einer Umlaufbahn fliegt, sich dabei aber dennoch in jede Richtung orientieren kann.) Zudem kann der Schub Objekte oder Astronauten von Ihnen weg schieben, also lassen Sie bei der abschließenden Annäherung Vorsicht walten. Schließlich wollen Sie keine Bremstriebwerke mit dem Ergebnis zünden, dass der Astronaut sich noch weiter von Ihnen entfernt. Eine leichter Druck auf den Steuerknüppel bei gleichzeitigen kleinen, kontrollierten Triebwerkstößen ist deutlich wirkungsvoller und sicherer.

Nähern Sie sich dem Astronauten so, dass die Nase der Sojus auf ihn zeigt. Sie müssen so nahe heran, dass er nach dem Raumschiff greifen kann, es sei denn, er hat für diese letzte Bewegung noch eine kleine Reserve in seinem SAFER. Setzen Sie Ihr Laserentfernungsmessgerät ein, um den Abstand zu prüfen, und achten Sie auf Ihre Endgeschwindigkeit.

Der vordere Abschnitt der Sojus kann mit luftdichten Türen zwischen dem äußeren Vakuum und dem Cockpit abgeteilt werden. Die vordere Tür (die auf den Weltraum hinausgeht) kann vom Cockpit aus ferngesteuert werden. Es ist wichtig, dass Sie die Atmosphäre ablassen, bevor Sie sich dem Astronauten nähern, damit das austretende Gas ihn nicht wegstößt.

Öffnen Sie die vordere Tür und lassen Sie den Astronauten in die vordere Sektion steigen. Sobald er drin ist, schließen und verriegeln Sie die vordere Luftschleusentür. Ihr Crewgehilfe kann anschließend die

Luftschleuse öffnen, die auf diese Sektion hinausgeht, und kontrollieren, in welcher Verfassung sein Kamerad sich befindet.

Programmieren Sie unterdessen Ihren Navigationscomputer darauf, die ISS abzufangen und zur Station zurückzukehren. Solange bei dem Astronauten kein medizinischer Notfall besteht, der in der Raumstation nicht behandelt werden kann, besteht keine Notwendigkeit einer Sofortrückkehr zur Erde.

Der vordere Teil der Sojus
dient als Luftschleuse.
Bringen Sie dazu die Nase des Schiffs in
die Nähe des Astronauten – seien Sie dabei
vorsichtig, ihn nicht wegzuschubsen, wenn Sie die Schubdüsen
starten, um sich in seiner Nähe zu halten.

Retten Sie einen höhenkranken Bergsteiger in der Antarktis

Was Sie unbedingt brauchen

- Ein Rettungsteam (3 – 5 Personen), erfahren mit der Arbeit in großer Höhe und bei extremem Wetter, mit einem Experten in Notfallmedizin, der mit der Behandlung von Höhenkrankheit vertraut ist (bevorzugt wird ein voll ausgebildeter Arzt, falls verfügbar). Die Mitglieder des Teams müssen in sehr guter gesundheitlicher Verfassung und in der Lage sein, in Höhenlagen auf unebenem Gelände rasch voranzukommen
- Ausrüstung für technisches Klettern, geeignet für die Arbeit in Eis, Schnee und Fels, einschließlich Schlafsack, Schlafmatte, Zelt, Bergstiefeln mit herausnehmbarem Filzinnenstiefel, Überschuhen, Steigeisen, dicker Hose und Jacke, winddichter Überhose und Überjacke, Handschuhen, Fäustlingen, Mütze, Kapuze mit Gesichtsschutz, Extrasocken, langer Unterwäsche, Rucksack, Seil, Sitzgeschirr, Eisaxt, Karabinern, Reepschnur für Prusikknoten, Sonnenbrille, Schutzbrille (gegen UV-Strahlen), Mehrzweckmessern, Sonnenschutzmittel, Lippenschutz und Zinkoxidsalbe
- Ein Flugzeug vom Typ Twin Otter mit Landekufen plus Pilot
- Notfall-Essensrationen (Hochenergie-Nahrung, ge-

eignet zum Verzehr ohne Kochen und für Höhen-
lagen)
- Wasser
- Tragbare Funkgeräte
- Notfallapotheke (Verbände, Schienen, Antibiotika,
  Schmerzmittel etc.)
- Eine tragbare hyperbarische Kammer (ein verstärk-
  ter Textilsack, in dem der gehunfähige Kletterer
  transportiert werden kann und in dem mittels einer
  Fußpumpe im Innern Luftdruck aufgebaut wird.
  Die besseren Modelle verfügen über einen Luft-
  druckmesser und ein Fenster, durch das Sie den
  Patienten beobachten können. Kaufen Sie den Sack
  in einem Bergsteiger-Spezialgeschäft.)
- Tragbare Sauerstoffflaschen und Sauerstoffmaske(n)
- Acetazolamid (bekannt unter dem Markennamen
  Diamox), ein Carboanhydrasehemmer, der die in
  Höhenlagen erlebten schädlichen Symptome vorü-
  bergehend lindern kann

 Erforderliche Zeit

Planen Sie 48 bis 72 Stunden ein.

 Hintergrund

Das Vinson-Massiv ist mit 4897 Metern Kammhöhe der
höchste Gipfel auf dem antarktischen Kontinent. Es ist
einer der Sieben Gipfel – der höchsten Gipfel auf den
sieben Kontinenten (die anderen sind der Mount Eve-
rest in Asien, der Aconcagua in Südamerika, der Denali

in Nordamerika, der Kilimandscharo in Afrika, der Elbrus in Europa und in Australien der Mount Koscius-ko, obwohl manche behaupten, der Jaya Peak (Mount Carstensz) auf Neuguinea sei höher).

Das Vinson-Massiv ist nicht wegen seiner Höhe einzigartig – es ist bloß der sechsthöchste der Sieben Gipfel –, sondern wegen seiner Abgeschiedenheit und der Schwierigkeit, dorthin zu gelangen. Dieser Gipfel liegt 78 Grad 35 Minuten südlicher Breite, 85 Grad 25 Minuten westlicher Länge in den Ellsworth Moun-tains, knapp 2000 km von der nördlichsten Spitze der Antarktis und nur knapp 1000 km vom Südpol entfernt. In der sommerlichen Klettersaison (in der südlichen Hemisphäre November bis Ende Januar) liegt die Durchschnittstemperatur bei minus 30 Grad, oft wird es noch kälter. Zum Glück ist es während des Sommers wenigstens durchgängig hell.

Man erreicht das Vinson-Massiv über mehrere Sta-tionen. Unter normalen Umständen werden schwere Transportflugzeuge eingesetzt (gewöhnlich militärtaug-liche Maschinen, wie die Hercules C-130, die mit den rauen Witterungsbedingungen, vornehmlich den hefti-gen Seitenwinden, fertig werden können), um von Punta Arenas in Chile aus auf den Kontinent zu gelangen. Der erste Zwischenstopp auf dem Weg zum Vinson-Massiv erfolgt in einem als Patriot Hills bekannten Gebiet, ei-nem privaten Lager mit einer Start- und Landebahn, die im ewigen Eis angelegt wurde und für die großen Ma-schinen geeignet ist. Von dort aus geht es mit einer leichten Maschine, normalerweise einer Twin Otter, weiter zum Basislager des Vinson-Massivs am Fuße des Branscomb-Gletschers.

Das Vinson-Basislager liegt auf knapp 2500 Metern

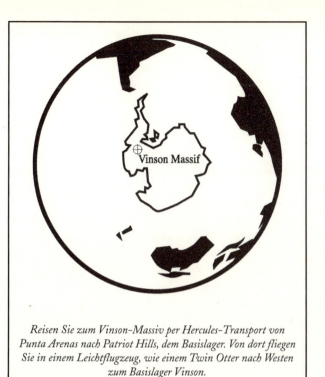

Reisen Sie zum Vinson-Massiv per Hercules-Transport von Punta Arenas nach Patriot Hills, dem Basislager. Von dort fliegen Sie in einem Leichtflugzeug, wie einem Twin Otter nach Westen zum Basislager Vinson.

Höhe und der Ausflug auf den Gipfel ist eine Wander- und Klettertour von gut 20 Kilometern über den Gletscher und eine Steilwand hinauf.

Mit zunehmender Höhe fällt der Luftdruck. Auf Meeresniveau beträgt der Luftdruck durchschnittlich 1013,2 mbar. Auf knapp 5000 Metern liegt er ungefähr bei der Hälfte dieses Wertes. Niedrigerer Druck bedeutet einen niedrigeren Sauerstoffgehalt in der Luft, was zu stärkeren Atemschwierigkeiten führt, vor allem wenn der Körper schwer arbeitet. Man füge alldem Faktoren wie Erschöpfung, Kälte, Austrocknung und Mangel an angemessener Nahrung hinzu, und der menschliche Körper kann rasch in einen Zustand geraten, der als akute Höhenkrankheit (AMS – Acute Mountain Sickness) bezeichnet wird.

Zu den schwächeren Formen von AMS gehören Kopfschmerzen, Übelkeit und Schlaflosigkeit, aber in ihrer schlimmsten Form kann sie ein Höhenlungenödem (HAPE – high-altitude pulmonary edema), ein Höhenhirnödem (HACE – high-altitude cerebral edema) und andere Zustände auslösen.

HAPE ist insoweit mit einer Lungenentzündung vergleichbar, als sich Flüssigkeit in der Lunge bildet, wodurch das Luftholen noch erschwert wird. Darüber hinaus ist es mit verminderter geistiger Aufnahme- und Urteilsfähigkeit verbunden und kann bei Nichtbehandlung tödlich sein. HACE wird durch eine Schwellung des Gehirns verursacht und zeigt sich in vermindertem Denkvermögen. Testen kann man diesen Zustand leicht mit derselben Methode wie Trunkenheit: Lassen Sie die Person eine gerade Linie entlanggehen. Kann sie es nicht, leidet sie möglicherweise an HACE.

HAPE stellt sich gewöhnlich langsam ein und sendet zahlreiche Warnsignale aus, obwohl manch unvorsichtiger Bergsteiger die Symptome als Erkältung oder Grippe abtut. Im Gegensatz dazu kann HACE plötzlich und fast ohne Vorwarnung auftreten. Anders als HAPE ist HACE nicht zu verwechseln und sehr viel gefährlicher. Bei fehlender Behandlung führt HACE mit großer Wahrscheinlichkeit zum Tod.

> **Wichtige Anmerkung:** Wenn Sie jemanden auffordern, sich einem HACE-Test zu unterziehen, vergewissern Sie sich, dass er ohne die Behinderung durch seinen/ihren Rucksack und (wenn möglich) auf ebenem Grund läuft. Und machen Sie selbst den gleichen Test, um sicherzugehen, dass eventuell auftretende Schwierigkeiten mit körperlicher Krankheit und nicht mit dem Testgebiet zu tun haben.

Wenn ein Kletterer unter HAPE oder HACE leidet, ist das einzige Heilmittel, ihn vom Berg herunter auf eine geringere Höhe zu schaffen. Wenn er nicht mehr laufen kann, müssen Sie ihn lauftüchtig machen, das heißt, Sie müssen ihn an Ort und Stelle ausreichend medizinisch versorgen, damit er sich bewegen kann. Gelingt Ihnen dies nicht, wird er sterben.

 Anweisungen

1. Suchen und finden

Wenn vom Gipfel die Nachricht kommt, dass ein Problem aufgetreten ist, besteht der erste Schritt darin, Ihr Rettungsteam zu versammeln und im Basislager am Branscomb-Gletscher Notfallausrüstung und notwendige Vorräte zusammenzustellen. Da es vielleicht erforderlich sein wird, die verletzten Bergsteiger zur intensiveren medizinischen Versorgung auszufliegen, vergewissern Sie sich, dass die Twin Otter samt Pilot startklar bereitsteht und der Treibstoff bis zum Patriot-Lager reicht.

Sie haben einen harten Marsch vor sich, um zu dem Kletterer zu gelangen, der in unserem Szenario an einem sich verschlimmernden Fall von HAPE leidet. Zeit ist entscheidend, vor allem wenn der Bergsteiger den Abstieg nicht mehr ohne fremde Hilfe schafft. Sollte dies der Fall sein, weisen Sie das Gipfelteam an, grundlegende lebenserhaltende Maßnahmen einzuleiten und Erste Hilfe zu leisten: dem Patienten, wenn möglich, Flüssigkeit zuzuführen, ihn warm und trocken zu halten und seine Symptome beobachten. Da das Gipfelteam weder Sauerstoff noch Diamox mitführt, müssen Sie beides zusätzlich zur tragbaren hyperbarischen Kammer mitbringen.

Vom Basislager aus ist der normale Pfad zum Gipfel ein Umweg, der östlich entlang der Oberfläche des Gletschers verläuft, dann eine Steilwand hinauf und anschließend zum Gipfel führt. Die einfache Strecke ist eine Zweitagestour mit recht sanfter Steigung. Eine Gruppe, die zäh genug ist, kann in 14 bis 16 Stunden über den Gletscher direkt zum Gipfel vorstoßen und so die zurückzulegende Strecke halbieren.

2. Ärztliche Einschätzung und vorläufige Behandlung

Sobald Sie das Kletterteam erreicht haben, müssen Sie den Zustand des Patienten checken. Entscheidend ist, dass Sie ihn so schnell wie möglich stabilisieren und wieder auf die Beine bringen. Eine der bedauerlichen Wahrheiten hinsichtlich des Bergsteigens in entlegenen Gebieten lautet, dass die äußeren Bedingungen es meist nicht erlauben, dass ein Verletzter oder kranker Kletterer hinausgetragen wird. Wie ein professioneller Bergsteiger einmal sagte: »Raufklettern ist freiwillig, Runterkommen ist Pflicht.«

Das Gipfelteam hat bereits getan, was in seinen Kräften stand, und den Patienten stabilisiert, warm gehalten und mit Flüssigkeit versorgt. Beginnen Sie unter Anleitung des Arztes (falls anwesend – wenn nicht, nehmen Sie entweder direkt oder über die Crew an der

Start- und Landebahn Funkkontakt zum Expeditions-
arzt in Patriot Hills auf), dem Patienten Sauerstoff und
Diamox zu verabreichen.

Diamox zu verabreichen ist eine lindernde, keine
heilende Maßnahme. Die positive Wirkung auf AMS-
Patienten hängt damit zusammen, dass der Wirkstoff
Acetazolamid das Enzym Carboanhydrase hemmt, das
in den Nieren die Reabsorbtion von Hydrogencarbonat
und die Ausscheidung von Wasserstoffionen aufrechter-
hält. Dadurch erhöht sich der Säurespiegel des Blutes
und regt so die Atmung an, wodurch der Krankheitsver-
lauf von AMS gemildert wird.

Die Verabreichung von Sauerstoff verbessert zudem
die allgemeine Verfassung des Patienten. In Kombination mit dem Diamox reicht dies vielleicht aus, ihn auf
die Beine und weiter nach unten zu bringen, was nun
von größter Wichtigkeit ist. Denn letztendlich ist eine
geringere Höhe das einzige Heilmittel bei HAPE.

3. Luftdruck erhöhen und stabilisieren
Da der Patient zu schwach und zu krank ist, um in eine
Umgebung mit höherem Druck abzusteigen, bringen Sie
den Druck zu dem Patienten. Aus diesem Grund haben
Sie die Rekompressionskammer im Gepäck. Richtig gehandhabt, wird Ihre hyperbarische Kammer für einen
gleich bleibenden Druck sorgen, der etwa 2100 bis 2400
Höhenmetern entspricht, mehr als genug, um die nega-
tiven Auswirkungen der dünnen Luft zu reduzieren.

Breiten Sie die hyperbarische Kammer auf einer ge-
neigten Oberfläche aus, so dass der Kopf des erkrankten
Bergsteigers leicht erhöht liegen kann. Betten Sie den
Patienten innerhalb der Kammer in einen Schlafsack,
um die Körpertemperatur aufrechtzuerhalten. Eine Iso-

matte unter ihm wird ebenfalls dazu beitragen, ihn warm zu halten. Verabreichen Sie dem Patienten im Schlafsack weiter Sauerstoff.

Ziehen Sie die Reißverschlüsse zu und fangen Sie an, die Kammer aufzublasen und Druck aufzubauen. Der Druck für die Kammer kommt aus einer einfachen Luftpumpe, die mit dem Fuß betätigt wird. Sie müssen Sie mehr oder weniger ununterbrochen treten, um den Druck stabil zu halten, vor allem wenn die Kammer über keinen eingebauten CO_2-Filter verfügt. Ohne den Filter erhöht sich der CO_2-Gehalt und erstickt den Patienten.

Pumpen Sie die Kammer unbedingt langsam auf, um ein Barotrauma (durch plötzliche Drucksteigerung verursachte Beschädigung des Trommelfells) zu verhindern, und versorgen Sie den Patienten ungefähr eine Stunde lang mit dem erhöhten Druck. Lassen Sie den Druck langsam ab und prüfen Sie die Verfassung des Patienten. Wiederholen Sie diesen Vorgang, falls erforderlich, bis zu einer Gesamtzeit von maximal vier Stunden. Am Ende dieser Behandlung koordiniert mit der Verabreichung von Sauerstoff und Diamox wird der Patient sich wahrscheinlich so weit erholt haben, dass er den Abstieg nun ohne fremde Hilfe fortsetzen kann.

4. Marschieren Sie zur Landebahn

Trommeln Sie Ihr Team zusammen und nehmen Sie dem Patienten die meisten seiner Sachen ab (alles bis auf die Kaltwetterkleidung und unverzichtbare Kletterausrüstung). Statt den direkten Weg zu wählen (wie auf dem Hinweg), folgen Sie der längeren, aber leichteren Route. Nach ein paar hundert Metern Höhenunterschied müssten Sie eine merkliche Verbesserung beim

Packen Sie den verletzten Kletterer in eine tragbare hyper- baren Kammer in einen Schlafsack. Sein Kopf sollte oberhalb der Füße gelagert sein. Schließen und versiegeln Sie die Kammer und beginnen Sie, sie mit einer Pumpe unter Druck zu setzen.

Patienen feststellen, die im Verlauf des Abstiegs weiter zunehmen wird. Planen Sie für den Marsch zum Basis- lager und zum Flugzeug etwa 24 Stunden ein.

5. Fliegen Sie zur nächsten medizinischen Einrichtung
Verfrachten Sie Team und Ausrüstung in Ihr Flugzeug (lassen Sie notfalls einen Teil Ihrer Ausrüstung zurück, falls in der Twin Otter nicht genügend Platz für alle Per- sonen plus Ausrüstung ist) und kehren Sie nach Patriot Hills zurück. Während der Klettersaison verfügt das Lager über einen Arzt, der die grundlegende Notfallversorgung übernehmen kann. Sollte sich der Gesundheitszustand als ernster erweisen, verlegen Sie den Patienten in die besser ausgerüsteten Einrichtungen in Punta Arenas. Dies ist

jedoch unwahrscheinlich – wenn Sie den Patienten so weit stabilisiert haben, dass er den Abstieg aus eigener Kraft geschafft hat, wird er sich wahrscheinlich vollständig erholen, auch wenn er die ersten Tage noch ziemlich wackelig auf den Beinen und verwirrt ist.

Schlusswort

Bei den Nachforschungen für dieses Buch habe ich mich einer Reihe von Hilfsquellen bedient. Öffentliche Bibliotheken, Buchhandlungen, Zeitschriften, Periodika und das Internet waren allesamt in vielerlei Hinsicht äußerst hilfreich, auch wenn die Recherchen manchmal mühselig und zeitaufwändig waren.

Bei vielen Einzelheiten konnte ich auf persönliche Erfahrung zurückgreifen (obwohl ich mir bis heute weder die *Mona Lisa* ausgeborgt noch irgendwelches Gold aus Fort Knox gestohlen habe). Außerdem habe ich zahlreiche Telefonate mit Stellen wie dem Pentagon geführt. Sorgfältige Anfragen an die richtigen Leute wurden aufgesetzt und Gespräche arrangiert, Dokumente gefaxt und, wo möglich, Antworten gegeben.

Als beste Quelle für ein Buch wie dieses stellten sich indes meine Freunde (und wiederum deren Freunde) heraus. Allein in meiner unmittelbaren Umgebung fand ich Leute, die sich bestens mit Sprengstoffen, Geiselbefreiung, Feuerbekämpfung, Sicherheitsvorkehrungen, Fliegen, kontrolliertem Abriss, Extremsport, den besten Routen ins Vinson-Massiv sowie tierischer und menschlicher Psychologie auskannten. Erschreckend, was die eigenen Freunde über Dinge wissen, von denen man selbst keinen Schimmer hat. Man muss nur fragen. Wenn Sie mir gern Ihre eigenen Ideen anvertrauen (und vielleicht eine Fortsetzung diese Bandes veranlassen) möchten, würde ich mich freuen, von Ihnen zu hören. Schreiben Sie an:

Hunter S. Fulghum
c/o becker&mayer!
11010 Northup Way, Bellevue, WA 98004, USA

Die ideale Reiseapotheke

Reisen ist riskant. Seien Sie
also auf alle Gefahren
vorbereitet! In diesem Buch
bieten Ihnen Survival-Experten
illustrierte Schritt-für-Schritt-
Anleitungen zum Überleben,
wenn:

- ein Vulkanausbruch Sie
überrascht
- Ihr Fahrstuhl abstürzt
- Sie von einer Tarantel gejagt
werden
- Sie einen Fluss voller
Piranhas überqueren müssen

... und für viele andere
Extremsituationen!

»Das sind Tipps, die im Ernstfall
niemand missen möchte!«
Der Spiegel

Joshua Piven
David Borgenicht

Das Travel-Survival-Buch

Überleben in Extremsituationen
unterwegs

Deutsche Erstausgabe

Ullstein Taschenbuch